KIKUCHU

聴く中国語

中国大接近 第2季

理解を深めるリスニング

謝 辰 著

SANSHUSHA

はじめに

「中国の今を中国語の文章で学びたい」
「耳で中国語をちゃんと聴き取りたい」
「文章力をつけたい」
「中級から一歩進みたい」
と思われるあなたに、ぜひこの本を使ってみてほしいです。

本書は『聴く中国語』という中国語学習誌の特集コラム「中国大接近」から6つのテーマを選び、教材化したものになります。

「中国人の微笑ましい迷信」「中国語流行語になった日本語」「漢服ブーム」「中国の人気スマホゲーム」「中国のオーディション番組の魅力」「日中企業の異同」などのテーマで、さらに中国社会・流行りの今に接近し、生き生きとした中国語を学ぶことを目標としています。

（本書は 2023 年 6 月出版された『聴く中国語　中国大接近　理解を深めるリスニング』の第2弾です。）

独学者や教育現場でより利用しやすいように、本書は「聴き取るためのヒント＋新出単語」→「中国語本文」→「日本語訳文」→「学習ポイント」というページ配置をしております。掲載時の文章を5～7パートに分け、1回の授業もしくは独学の時間で、1パートをクリアできるように設けております。

■おすすめの学習方法

①最初は、ヒントと単語を予習した上、本文を見ずに音だけ聴いてみましょう。意外と聴き取れない内容があるのに気づくので、そこを重点的に勉強し、「分からない・聴き取れない」を確実に「分かる・聴き取れる」ように変えましょう。

②「学習ポイント」にある例文と「本文」にある好きな文章を、繰り返し聴いて、読んで、自分のものにしましょう。覚えることで語学力を上達させましょう。

③新しい単語、フレーズ、表現を使って、作文の練習をしてみましょう。先生や中国人の友人がびっくりするほどの進歩が実感できるでしょう。

最後に、月刊『聴く中国語』を支えてくれた読者たちに心より感謝を申し上げます。『聴く中国語』は、日本で発行されているかなり稀な中国語中上級者向けの月刊学習雑誌で、毎月、良質で時流に合ったコンテンツを読者にお届けしています。創刊 22 年来、特集「中国大接近」はずっと人気のあるコラムです。そのコンテンツを教材化し、学習者に提供することで、中国語の勉強はつまらなくない、表現はすぐ使える、長い文章は怖くなくなった、自分の中国ネタが増えた、と感じていただければ嬉しいです。

では、耳からの中国語学習旅をはじめましょう！

2024 年春　著者　謝辰

無料音声ダウンロード・ストリーミング
利用の方法

1 PC・スマートフォンで本書の音声ページにアクセスします。

https://www.sanshusha.co.jp/np/onsei/isbn/9784384061246/

2 シリアルコード「06124」を入力。

3 音声ダウンロード・ストリーミングをご利用いただけます。

目 次

音声 ページ

目次

音声 🔊 ページ

第1課

中国人奇怪、有趣、可愛的小迷信

中国人の変な・面白い・微笑ましい迷信

1-1
家居风水讲究多
家は風水のこだわりだらけ

1-2
全身都是运气
全身これ運気

1-3
禁忌也成了迷信
禁忌も迷信に

1-4
当代人的小迷信
現代人のプチ迷信

1-5
“小迷信”无处不在
「ちょっとした迷信」はどこにでもある

1-1 家居风水讲究多

家は風水のこだわりだらけ

まず、聴いてみましょう！

ヒント1

Zhōngguórén de fēngshuǐguān nǎ xiē shì bǐjiào yǒu dàoli de?

中国人的风水观哪些是比较有道理的?

中国人の風水観の中、理にかなっている部分は？

ヒント2

Míxìn guānniàn zhōng , wòshì lǐ wèi shénme bù néng fàng jìngzi?

迷信观念中，卧室里为什么不能放镜子?

迷信的な概念で、なぜ寝室に鏡を置いてはいけないのですか？

ヒント3

Xīn fáng rùzhù hòu , zhōngguórén huì juéde zuò shénme bǐjiào hǎo?

新房入住后，中国人会觉得做什么比较好?

中国人は新居に引っ越した後、何をしたほうがいいと思いますか？

単語

讲究 jiǎngjiu　こだわり

信以为真 xìn yǐwéi zhēn　信じる、真に受ける

掺杂 chānzá　混じる

却 què　却って、逆に、やはり

导致 dǎozhì　に至る、を招く

失和 shīhé　仲が悪くなる、不和になる

否则 fǒuzé　さもなくば

吉利 jílì　縁起がいい

做客 zuòkè　おじゃまする

旺 wàng　盛んである、運気を上げる

音声 02

家居风水讲究多

迷信《Míxìn》这《zhè》东西《dōngxi》，虽说《suīshuō》没《méi》什么《shénme》道理《dàoli》，但《dàn》还是《háishì》有《yǒu》不少《bùshǎo》人《rén》信《xìn》以为《yǐwéi》真《zhēn》，并《bìng》认真《rènzhēn》执行《zhíxíng》。那么《Nàme》，中国人《Zhōngguórén》都《dōu》有《yǒu》哪些《nǎxiē》奇怪《qíguài》、有趣《yǒuqù》、可爱《kě'ài》的《de》小《xiǎo》迷信《míxìn》呢《ne》?

最《Zuì》常见《chángjiàn》的《de》迷信《míxìn》，大多《dàduō》跟《gēn》风水《fēngshuǐ》有关《yǒuguān》。不过《Búguò》，有些《yǒuxiē》风水《fēngshuǐ》观念《guānniàn》也《yě》是《shì》有《yǒu》道理《dàoli》的《de》，比如《bǐrú》要《yào》注重《zhùzhòng》房间《fángjiān》的《de》朝向《cháoxiàng》、采光《cǎiguāng》、周围《zhōuwéi》环境《huánjìng》等《děng》，但《dàn》其中《qízhōng》掺杂《chānzá》的《de》迷信《míxìn》观念《guānniàn》却《què》好像《hǎoxiàng》没《méi》什么《shénme》道理《dàoli》，比如《bǐrú》“卧室《wòshì》里《lǐ》不《bù》能《néng》放《fàng》镜子《jìngzi》，否则《fǒuzé》会《huì》导致《dǎozhì》夫妻《fūqī》失和《shīhé》”、“床《chuáng》下《xià》不《bù》能《néng》放《fàng》杂物《záwù》，否则《fǒuzé》会《huì》影响《yǐngxiǎng》生育《shēngyù》和《hé》健康《jiànkāng》”、“厕所《cèsuǒ》门《mén》不《bú》要《yào》正《zhèng》对《duì》大门《dàmén》，否则《fǒuzé》会《huì》漏《lòu》财《cái》”、“进《jìn》屋子《wūzi》先《xiān》看到《kàndào》厨房《chúfáng》不《bù》吉利《jílì》”、“新房《xīnfáng》入住《rùzhù》后《hòu》要《yào》请《qǐng》朋友《péngyou》来《lái》做客《zuòkè》，旺旺《wàngwang》人气《rénqì》”等等《děngděng》。

家は風水のこだわりだらけ

迷信というものは、あまり意味はありませんが、それでも多くの人が信じ、真剣に受け止めています。では、中国人が持っている奇妙で面白くてかわいい迷信を一緒に見てみましょう。

最もよく見聞きする迷信は、ほとんどが風水に関するものです。風水の考え方の中には、部屋の向きや採光面、周囲の環境など、理にかなっていると思われるものもあります。しかしそこに混じっている一部の迷信的観念は、やはりなんら根拠はないように思われます。例えば「寝室に鏡を置いてはいけない。さもなくば夫婦不和に至る」、「ベッド下に雑多な物を置くと、妊娠出産や健康に悪影響を及ぼす」、「トイレのドアが玄関の真向かいにあると、財産が逃げていく」、「家に入ってすぐ台所が見えるのは縁起が悪い」、「新居に引っ越したら友人を招待すると、運気の上がる家になる」などがそうです。

音声 03

学習ポイント

1 ▶虽说… (＝虽然说…、虽然…)

［接続詞］～ではあるが、～とは言え、～であるものの

Suīshuō nǐ shì lǎobǎn, dàn yě bù néng shénmeshìr dōu zìjǐ zuò juédìng.
虽说你是老板，但也不能什么事儿都自己做决定。
社長とは言え、何でも勝手に決めることは許されない。

Suīshuō shāngkǒu chàbuduō yùhé le, dàn yě bù néng tài dàyì.
虽说伤口差不多愈合了，但也不能太大意。
傷はほぼ治ってきたが、油断してはいけない。

Suīshuō xiànzài de gōngzuò dàiyù búcuò, dàn tā háishì xiǎng zhǎo yí fèn zìjǐ xǐhuan de gōngzuò.
虽说现在的工作待遇不错，但她还是想找一份自己喜欢的工作。
今の仕事の待遇は悪くないが、彼女はやはり自分の好きな仕事をしたい。

2 ▶没什么　何の～もない、大した～はない

Nǐ méi shénme shìr ba?
你**没什么**事儿吧？　大丈夫？［何もないよね？］

Wǒ duì zhè jiàn shìr méi shénme yìjiàn.
我对这件事儿**没什么**意见。　私はこの件について何の意見もない。

Wǒ méi shénme yào wèn de le.
我**没什么**要问的了。　聞きたいことはもうないです。

3 ▶否则

［接続詞］（複文の後節の冒頭に置く）もしそうでなければ、さもないと

＊類以表現：不然

Wǒ bìxū 7 diǎn chūmén, fǒuzé jiù huì chídào.
我必须 7 点出门，**否则**就会迟到。　7時に家を出ないと遅刻する。

Táifēng tiān háishì zǎodiǎn huíjiā hǎo, fǒuzé hěn yǒu kěnéng bèi kùn zài wàimiàn.
台风天还是早点回家好，**否则**很有可能被困在外面。
台風の日は早めに帰った方がいい、さもないと帰れなくなる可能性が高い。

Xìngkuī wǒ jíshí guānshangle méiqì, fǒuzé hòuguǒ bùkān shèxiǎng.
幸亏我及时关上了煤气，**否则**后果不堪设想。
ガスを早めに止めてよかった。そうでなければ、悲惨な結果になっていただろう。

1-2 全身都是运气

全身これ運気

まず、聴いてみましょう！

ヒント1

Zài Zhōngguórén de míxìn guānniàn zhōng, dǎ pēntì yìwèizhe shénme?

在中国人的迷信观念中，打喷嚏意味着什么?

中国人の迷信で、くしゃみは何を意味しますか？

ヒント2

Yǎnpí tiàodòng yìwèizhe shénme?

眼皮跳动意味着什么?

まぶたがピクピクしたら、どうなりますか？

ヒント3

Wèi shénme “zhēngyuè bù néng lǐfà” ?

为什么“正月不能理发”？

なぜ正月に散髪してはいけませんか？

単語

打喷嚏 dǎ pēntì　くしゃみをする
坏话 huàihuà　悪口
做梦 zuòmèng　夢を見る
发财 fācái　財を成す、金持ちになる
抖腿 dǒu tuǐ　貧乏揺すりをする
眼皮 yǎnpí　まぶた
偶尔 ǒu'ěr　たまに、時々
或喜或忧 huò xǐ huò yōu　一喜一憂
哄骗 hǒngpiàn　騙す、たぶらかす
换牙 huànyá　歯が生え替わる
屋顶 wūdǐng　屋根、屋上

音声05

全身都是运气

有些《Yǒuxiē》关于《guānyú》身体《shēntǐ》的《de》迷信《míxìn》也《yě》十分《shífēn》奇怪《qíguài》、好笑《hǎoxiào》。比如《Bǐrú》一些《yìxiē》中国人《Zhōngguórén》觉得《juéde》：打《Dǎ》喷嚏《pēntì》的《de》时候《shíhou》，就是《jiùshì》有人《yǒurén》在《zài》谈论《tánlùn》自己《zìjǐ》或《huò》在《zài》说《shuō》自己《zìjǐ》的《de》坏话《huàihuà》；做梦《zuòmèng》时《shí》如果《rúguǒ》梦《mèng》到《dào》洪水《hóngshuǐ》或《huò》着火《zháohuǒ》的《de》景象《jǐngxiàng》，就《jiù》会《huì》发财《fācái》；如果《rúguǒ》总是《zǒngshì》抖《dǒu》腿《tuǐ》，就《jiù》会《huì》变《biàn》穷《qióng》；如果《rúguǒ》眼皮《yǎnpí》偶尔《ǒu'ěr》跳动《tiàodòng》，就要《jiùyào》为《wèi》自己《zìjǐ》的《de》眼皮《yǎnpí》和《hé》命运《mìngyùn》或《huò》喜《xǐ》或《huò》忧《yōu》，因为《yīnwèi》“左《zuǒ》眼《yǎn》跳《tiào》财《cái》右《yòu》眼《yǎn》跳《tiào》灾《zāi》”；如果《rúguǒ》赶上《gǎnshang》正月《zhēngyuè》，那《nà》就《jiù》千万《qiānwàn》不《bù》能《néng》剪《jiǎn》头发《tóufa》，因为《yīnwèi》有《yǒu》个《ge》说法《shuōfǎ》是《shì》“正月《zhēngyuè》理发《lǐfà》死《sǐ》舅舅《jiùjiù》”……

还有《Háiyǒu》一些《yìxiē》迷信《míxìn》的《de》说法《shuōfǎ》，现在《xiànzài》被《bèi》用来《yònglái》哄骗《hǒngpiàn》小孩儿《xiǎoháir》，比如《bǐrú》换牙《huànyá》的《de》时候《shíhou》，如果《rúguǒ》是《shì》上《shàng》排《pái》牙齿《yáchǐ》掉《diào》了《le》，就要《jiùyào》扔《rēng》到《dào》低《dī》处《chù》，或《huò》埋《mái》到《dào》土里《tǔli》，如果《rúguǒ》是《shì》下《xià》排《pái》换牙《huànyá》，就要《jiùyào》把《bǎ》它《tā》扔《rēng》到《dào》屋顶上《wūdǐngshang》，这样《zhèyàng》新《xīn》牙《yá》才《cái》能《néng》更《gèng》快《kuài》地《de》长出来《zhǎngchūlai》，而且《érqiě》不《bù》长《zhǎng》蛀牙《zhùyá》。类似《Lèisì》的《de》迷信《míxìn》似乎《sìhū》日本《Rìběn》和《hé》韩国《Hánguó》也《yě》有《yǒu》。

全身これ運気

体に関する迷信も面白くて不思議です。例えば、一部の中国人はこんなふうにとらえています。くしゃみをしたら、誰かが自分のうわさをしているか悪口を言っている。夢に洪水や火事が出てきたら、必ず財産を手にする。いつも貧乏揺すりをしていると、必ず貧乏になる。時々まぶたがピクピクすることがあれば「左目なら財産に恵まれ、右目なら災難が降りかかる」ため、まぶたの動きと運命に一喜一憂します。正月には、決して髪の毛を切ってはいけません。なぜなら「正月に散髪するとおじが死ぬ」から……。

ほかにも、今では子どもを騙すのに使われる迷信的言い回しもあります。例えば、歯が生え替わるとき、上の歯が抜けたら低いところに投げるか土の中に埋め、下の歯が抜けたら、新しい歯が早く生えてきて、虫歯にもならない。似たような迷信は日本や韓国にもあるようです。

音声 06

学習ポイント

1 ▶有人＋動詞　~をする人がいる

Gāngcái yǒu rén lái zhǎoguò wǒ ma ? — Yǒu ge xìng Wáng de lái zhǎoguò nǐ.
刚才有人来找过我吗？ — 有个姓王的来找过你。
誰か私に会いに来ましたか？ ——王という名字の人が来たよ。

Zòngzi, yǒu rén xǐhuan xiánde, yǒurén xǐhuan tiánde.
粽子，有人喜欢咸的，有人喜欢甜的。
ちまきは、塩辛いのが好きな人もいれば、甘いのが好きな人もいる。

Jīntiān xiūxi, méiyǒu rén tōngzhī nǐ ma? — Méiyǒu ā.
今天休息，没有人通知你吗？ — 没有啊。
今日は休みだけど、知らされなかった？（知らせる人はいなかった？　はい。）

2 ▶赶上　間に合う、折よく、ちょうど、~にぶつかる

Gǎnshang xiàyǔtiān, nǎr dōu qùbuliǎo.
赶上下雨天，哪儿都去不了。
あいにく雨の日になって、どこにも行けない。

Yì chūmén jiù gǎnshangle jiāotōng guǎnzhì, zhēn dǎoméi.
一出门就赶上了交通管制，真倒霉。
家を出てすぐ交通規制に遭うなんて、本当にツイてない。

Nǐmen zhēnshi gǎnshang hǎo shíhou le, xiànzài jiàoyù zīyuán duō fēngfù ā!
你们真是赶上好时候了，现在教育资源多丰富啊！
お前たちは本当にいい時代に生まれた。今の教育資源はなんと豊かなことか。

3 ▶长　[動詞]（植物や人間の身長が）伸びる、成長する、（顔、格好を）している

Zuìjìn nǐ zhǎnggāo le! — Ǹg, zhǎnggāo le 20 límǐ ne!
最近你长高了！ ——嗯，长高了 20 厘米呢！
最近背が伸びましたね！ ——そうよ、20 センチくらいかな！

Hǎo fán, liǎnshàng yòu zhǎng dòudou le!
好烦，脸上又长痘痘了！　いやだ、また顔にニキビができちゃった！

Zhèige yǎnyuán zhǎngde zhēn piàoliang!
这个演员长得真漂亮！　この俳優さん、きれい［な顔をしている］！

1-3 禁忌也成了迷信

禁忌も迷信に

まず、聴いてみましょう！

ヒント1

Kuàizi chāzài fànshang wèi shénme bù hǎo?

筷子插在饭上为什么不好?

なぜご飯に箸を突き刺すといけないのですか？

ヒント2

Zhànzài ménkǎnshang wèi shénme bù hǎo?

站在门槛上为什么不好?

なぜ敷居の上に立つといけないのですか？

ヒント3

Míxìn guānniàn zhōng, “cǎi jǐng gài” huì zěnmeyàng?

迷信观念中，“踩井盖”会怎么样?

迷信の考えでは、マンホールの蓋を踏むと、どうなるのですか？

単語

算是 suànshì　～だと認める・見なす、一応
看上去 kànshangqu　見た感じ、一見
上香 shàngxiāng　お線香をあげる
忌讳 jìhui　嫌う・忌む、タブー・禁忌
晾晒 liàngshài　干す、乾かす
晦气 huìqì　不吉だ、縁起が悪い
门槛 ménkǎn　敷居
坎坷 kǎnkě　凸凹、不遇
井盖 jǐng gài　マンホール（の蓋）
倒霉 dǎoméi　運が悪い、ついていない
厄运 èyùn　不運、災難、厄

音声 08

禁忌也成了迷信

说到《Shuōdào》亚洲《Yàzhōu》各地《gèdì》的《de》共通《gòngtōng》的《de》迷信《míxìn》，“筷子《kuàizi》不《bù》能《néng》插在《chāzài》米饭上《mǐfànshang》”**算是**《suànshì》一《yí》个《ge》典型《diǎnxíng》的《de》例子《lìzi》，因为《yīnwèi》那《nà》**看上去**《kànshangqu》像是《xiàngshi》在《zài》给《gěi》去世《qùshì》的《de》人《rén》上香《shàngxiāng》，坐在《zuòzài》对面《duìmiàn》的《de》人《rén》当然《dāngrán》会《huì》觉得《juéde》不《bù》舒服《shūfu》，并《bìng》认为《rènwéi》你《nǐ》很《hěn》不《bù》礼貌《lǐmào》。

其实《Qíshí》不少《bùshǎo》迷信《míxìn》的《de》说法《shuōfǎ》都《dōu》和《hé》日常《rìcháng》生活《shēnghuó》中《zhōng》的《de》忌讳《jìhuì》和《hé》习惯《xíguàn》有关《yǒuguān》。比如《Bǐrú》，有的《yǒude》老年人《lǎoniánrén》会《huì》觉得《juéde》，从《cóng》晾晒着《liàngshàizhe》的《de》裤子《kùzi》下面《xiàmian》走过《zǒuguò》是《shì》晦气《huìqì》的《de》；站在《zhànzài》门槛上《ménkǎnshang》也《yě》是《shì》不《bù》吉利《jílì》的《de》，因为《yīnwèi》门槛《ménkǎn》会《huì》让《ràng》人《rén》联想《liánxiǎng》到《dào》“坎坷《kǎnkě》”；也《yě》有人《yǒurén》认为《rènwéi》，踩《cǎi》井《jǐng》盖《gài》会《huì》**倒霉**《dǎoméi》，必须《bìxū》要《yào》让《ràng》旁边《pángbiān》的《de》人《rén》打《dǎ》自己《zìjǐ》一下《yíxià》才《cái》能《néng》破除《pòchú》厄运《èyùn》，不过《búguò》这《zhè》也《yě》可能《kěnéng》真的《zhēnde》是《shì》因为《yīnwèi》踩《cǎi》井《jǐng》盖《gài》很《hěn》危险《wēixiǎn》。

禁忌も迷信に

アジア各地に共通する迷信と言えば、「ご飯に箸を突き刺してはいけない」というのが典型例と言えるでしょう。なぜなら、その様子は見た感じ死者にお線香をあげているように見えるので、向かいに座っている人は当然不愉快に感じ、また無礼だと思われるでしょう。

実は、迷信の多くは日常生活におけるタブーや習慣に関係しています。例えば、高齢者の中には、干しているズボンの下を通るのは縁起が悪いとか、「凸凹（波乱）」を連想させることから敷居の上に立つのも不吉と考える人がいます。また、マンホールの蓋を踏むと運が逃げるから、厄払いのため、そばにいる人に叩いてもらわなければならないと考える人もいますが、それはひょっとしたら、マンホールの蓋を踏むのは本当に危険であることに由来しているかもしれません。

音声09

学習ポイント

1 ▶算是　[副詞] 一応～といえる、結局

Xiǎo Liú chuàngyè shùnlì，xiànzài yě suànshi ge chénggōng rénshì le.
小刘创业顺利，现在也**算是**个成功人士了。
劉さんの起業は順調で、今はもう成功者の仲間入りだ。

Fángjià yì píngmǐ liǎng wàn kuài，zhè zài wǒmen zhèr suànshi piányide le.
房价一平米两万块，这在我们这儿**算是**便宜的了。
一平米2万元の単価では、この地域では安い方だ。

Wǔ mén kè dōu guà kē le，wǒ suànshi bìbùliǎo yè le.
五门课都挂科了，我**算是**毕不了业了。
5つの科目全て落ちたんだ、もう確実に卒業できないよ。

2 ▶看上去　見た感じ、一見

Zhèngcè kànshangqu búcuò，dàn qíshí bìng méiyǒu luòshí dàowèi.
政策**看上去**不错，但其实并没有落实到位。
政策は一見良さそうだったが、実際、ちゃんと実行されてはいなかった。

Wǒ zhǐshì kànshangqu yǒudiǎnr pàng，qíshí méi nàme zhòng.
我只是**看上去**有点儿胖，其实没那么重。
私は小太りに見えるだけで、体重はそんなに重くない。

Nǐ bǎ húzi tì le，kànshangqu jīngshenle bùshǎo!
你把胡子剃了，**看上去**精神了不少！　ひげを剃ったらかなり若々しく見えるね！

3 ▶倒霉　[動詞・形容詞] 不運な目に逢う、運が悪い

Zhēnshi dǎoméitòu le，wǒ shàngzhōu qù huábīng，bǎ tuǐ gěi shuāigǔzhé le.
真是**倒霉**透了，我上周去滑冰，把腿给摔骨折了。
本当に最悪！先週スケートに行ったら、転んで足を骨折した。

Zhēn dǎoméi! Zuótiān mǎide bāo，jīntiān jiù dǎzhé le!
真**倒霉**！昨天买的包，今天就打折了！
ツイていないな！　昨日買ったバッグが今日セールになっている！

Dǎoméi de shíhou，hē shuǐ dōu sāi yáfèng!
倒霉的时候，喝水都塞牙缝！
ついてない時は、水も飲めない［水だけでも歯が詰まる］！

1-4 当代人的小迷信

現代人のプチ迷信

まず、聴いてみましょう！

ヒント1

Dāngdài rén de xiǎo míxìn zhōng, wèi shénme rènwéi xiǎo shítou huì dàilái hǎoyùn?

当代人的小迷信中，为什么认为小石头会带来好运?

現代人のちょっとした迷信で、小さな石が幸運をもたらすとされるのはなぜですか？

ヒント2

Shénme shì “Jǐnlǐ”?

什么是“锦鲤”？

「錦鯉」とは何ですか？

ヒント3

Rénmen zài kǎoshì qián zhuǎnfā jǐnlǐ shì wèile shénme?

人们在考试前转发锦鲤是为了什么?

人々が試験前、錦鯉をリツイートするのは何のためですか？

単語

纸鹤 zhǐhè 折り鶴
许愿 xǔyuàn 願をかける
成真 chéng zhēn （夢などが）かなう、実現する
时来运转 shí lái yùn zhuǎn 運が向いてくる
转发 zhuǎnfā 転送する、シェアする
心想事成 xīn xiǎng shì chéng （心に秘めた）願いがかなう
来源于 láiyuán yú ～に由来する
抽中 chōu zhòng 抽選に当たる、当選する
化身 huàshēn 化身、生まれ変わる

音声 11

当代人的小迷信

以上《Yǐshàng》这些《zhèxiē》，可能《kěnéng》已经《yǐjīng》是《shì》比较《bǐjiào》传统《chuántǒng》的《de》迷信《míxìn》了《le》，当代《dāngdài》中国人《Zhōngguórén》又《yòu》发明了《fāmíngle》不少《bùshǎo》新的《xīnde》迷信《míxìn》。比如《Bǐrú》：折《Zhé》一千《yìqiān》个《ge》纸鹤《zhǐhè》许愿《xǔyuàn》，愿望《yuànwàng》就《jiù》能《néng》成《chéng》真《zhēn》；买《mǎi》个《ge》漂亮《piàoliang》的《de》小《xiǎo》石头《shítou》做《zuò》装饰品《zhuāngshìpǐn》，就《jiù》可以《kěyǐ》“石《shí》”来《lái》运转《yùnzhuǎn》；在《zài》网上《wǎngshang》**转发**《zhuǎnfā》锦鲤《jǐnlǐ》或《huò》名人《míngrén》的《de》照片《zhàopiàn》，就《jiù》能《néng》心想事成《xīn xiǎng shì chéng》、逢考必过《féng kǎo bì guò》等等《děngděng》。

“转发锦鲤《Zhuǎnfā Jǐnlǐ》”**来源**《láiyuán》于《yú》支付宝《zhīfù bǎo》的《de》一《yí》个《ge》抽奖《chōujiǎng》活动《huódòng》，活动《huódòng》有《yǒu》254万《wàn》人《rén》参与《cānyù》，但《dàn》只有《zhǐyǒu》一《yí》个《ge》用户《yònghù》被《bèi》抽中《chōuzhòng》，中奖《zhòngjiǎng》者《zhě》也《yě》被《bèi》称为《chēngwéi》“中国锦鲤《Zhōngguó jǐnlǐ》”。后来《Hòulái》，“锦鲤《Jǐnlǐ》”就《jiù》成了《chéngle》“幸运女神《xìngyùn nǚshén》”的《de》化身《huàshēn》，很《hěn》多《duō》人《rén》都《dōu》要《yào》在《zài》大考《dàkǎo》之前《zhīqián》“拜一拜《bài yí bài》”，以求《yǐqiú》顺利《shùnlì》。

現代人のプチ迷信

以上紹介してきたのは、今ではおそらく古い部類に入る迷信ですが、現代の中国人も負けじと新しい迷信をいろいろ発明しています。例えば、折り紙で鶴を千羽折って願をかけると願いがかなう、きれいな「小石」を買ってアクセサリーにすると運が向いてくる（「石」と「運が向く」を意味する「时来运转」の「时」が同音であることから）、ニシキゴイや有名人の画像をネットで投稿・リツイートすると願いがかなう、などがあります。

「ニシキゴイの画像シェア」という迷信は、アリペイ（Alipay）のある抽選くじキャンペーンに由来します。そのキャンペーンの参加者は最終的に254万人に達しましたが、「中国のニシキゴイ」と謳われた当選者はたったの1人でした。その後、「ニシキゴイ」は幸運のアイコンとなり、期末試験の前に「拝んで」、うまくいくよう祈る人が増えました。

音声12

学習ポイント

1 ▶ 转发 ［動詞］リツイートする、シェアする

Xǐhuan zhège shìpín de guānzhòng huānyíng diǎn zàn、shōucáng、zhuǎnfā!
喜欢这个视频的观众欢迎点赞、收藏、**转发**！
この動画を気に入ってくださった視聴者のみなさん、「いいね！」「お気に入り」「共有」をお願いします！

Wǒmen huì cóng zhuǎnfā zhè tiáo xiāoxi de péngyou zhōng chōuxuǎn 100 míng miǎnfèi zèngsòng wǒmen de chǎnpǐn.
我们会从**转发**这条消息的朋友中抽选 100 名免费赠送我们的产品。
このポストをリツイートしてくれた方の中から抽選で 100 名様に商品をプレゼントします。

Jiǎngxuéjīn kāifàng shēnqǐng le, huānyíng dàjiā zhuǎnfā zhè tiáo xiāoxi gěi xūyào de tóngxué!
奖学金开放申请了，欢迎大家**转发**这条消息给需要的同学！
奨学金の募集が開始されたので、このメッセージを必要としている学生に転送してください！

2 ▶ 来源 ［動詞・名詞］～からくる、情報源

Wénxué láiyuán yú shēnghuó, dàn gāo yú shēnghuó.
文学**来源**于生活，但高于生活。
文学は生活の中から生まれたのだが、生活の上位にある。

Zhège xìnxī de láiyuán kěkào ma?
这个信息的**来源**可靠吗？
この情報の出どころは信頼できますか？

Yǐnyòng biéren zuòpǐn de shíhou yídìng yào biāozhù hǎo wénxiàn láiyuán.
引用别人作品的时候一定要标注好文献**来源**。
他人の作品を引用するときは、必ず出典をちゃんと明記しましょう。

3 ▶ 中 ［動詞・補語］当たる、当てる

Wǒ zhòngjiǎng la!
我**中**奖啦！　賞に当たりました！

Yīnwèi zhǎng de gāo, suǒyǐ wǒ bèi xuǎnzhòng, qù dāng qíshǒu.
因为长得高，所以我被选**中**，去当旗手。
私は背が高かったので旗手に選ばれた。

Tā fēibiāo wánr de tèbié bàng, zǒngshì néng mìngzhòng bǎxīn.
他飞镖玩儿得特别棒，总是能命**中**靶心。
彼はダーツがとても上手で、いつも中心に当たっている。

1-5 “小迷信”无处不在

「ちょっとした迷信」はどこにでもある

まず、聴いてみましょう！

ヒント1

Rúguǒ juéde mǒu ge yánsè huì gěi zìjǐ dàilái hǎoyùn, nǐ huì zěnme zuò?

如果觉得某个颜色会给自己带来好运，你会怎么做?

ある色が幸運を呼ぶと思ったらどうしますか？

ヒント2

Rúguǒ juéde mǒu ge xīngzuò de rén hé zìjǐ bù hé, nǐ huì zěnme zuò?

如果觉得某个星座的人和自己不合，你会怎么做?

ある星座の人が自分と合わないと感じたら、どうしますか？

ヒント3

“Míxìn” de běnzhì shì shénme?

“迷信”的本质是什么?

「迷信」の正体は何ですか？

単語

或多或少 huò duō huò shǎo 多かれ少なかれ、多少
坚持 jiānchí 堅持する、～しつづける
制胜法宝 zhìshèng fǎbǎo 必勝アイテム
尽量 jǐnliàng できるだけ、可能な限り
毕竟 bìjìng なんと言っても、やはり、さすがに
心理暗示 xīnlǐ ànshì 暗示

音声 14

“小迷信”无处不在

Qíshí zǐxì xiǎngxiǎng, wǒmen měi ge rén dōu huò duō huò shǎo yǒu míxìn
其实仔细想想，我们每个人都**或多或少**有迷信
de shíhou： Juéde mǒu ge yánsè huò shùzì nénggòu gěi zìjǐ dàilái hǎoyùn,
的时候：觉得某个颜色或数字能够给自己带来好运，
jiù jiānchí mǎi nàge yánsè de dōngxi huò xuǎnzé yǒu nàge shùzì de diànhuà
就坚持买那个颜色的东西或选择有那个数字的电话
hàomǎ； juéde mǒu jiàn yīfu shì miànshì chénggōng de zhìshèng fǎbǎo, jiù
号码；觉得某件衣服是面试成功的制胜法宝，就
měicì miànshì dōu chuān；juéde mǒu ge xīngzuò de rén gēn zìjǐ bù hé, jiù
每次面试都穿；觉得某个星座的人跟自己不合，就
jǐnliàng bù gēn tā / tā tán liàn'ài děngděng.
尽量不跟他 / 她谈恋爱等等。

Dàn wǒmen bìjìng bú xiàng guòqù de rén nàyàng rènzhēn, suīrán
但我们**毕竟**不像过去的人那样认真，虽然
kànshàngqu zuòle yìxiē kěxiào de míxìn jǔdòng, dàn dōu zhīdào xìngfú hé
看上去做了一些可笑的迷信举动，但都知道幸福和
chénggōng de huòdé xūyào fùchū nǔlì. Kěnéng, dāngdàirén de “míxìn”,
成功的获得需要付出努力。可能，当代人的“迷信”，
dōu shì yì zhǒng duì zìjǐ de xīnlǐ ànshì ba!
都是一种对自己的心理暗示吧！

「ちょっとした迷信」はどこにでもある

実は、よくよく考えてみると、私たちは誰もが多かれ少なかれ迷信を信じてしまうときがあります。ある色や数字がラッキーをもたらしてくれると考えたら、その色の物を買ったり、その数字の入った電話番号を選ぶのに固執したりします。ある服が面接合格の必勝アイテムだと考えたら、面接のたびにそれを着ます。ある星座の人とは合わないと思ったら、できるだけその星座の人と付き合わないようにする、などなど。

ですが、私たちはやはり昔の人のように本気で信じることはできません。一見、おかしな迷信に従っているように見えても、幸せや成功をつかむには努力しなければならないことを知っています。おそらく、現代人にとっての「迷信」は、一種の自己暗示なのでしょう。

音声 15

学習ポイント

1 ▶或多或少 ［副詞］多かれ少なかれ、多少

Niánjì dà le, shēntǐ huò duō huò shǎo huì yǒu yìxiē xiǎo máobìng.
年纪大了，身体**或多或少**会有一些小毛病。歳を取ると、体には多少ガタが来るものだ。

Xiàndàirén huò duō huò shǎo dōu yǒu yìdiǎnr jīngshén yālì.
现代人**或多或少**都有一点儿精神压力。
現代人は多かれ少なかれ誰もがストレスを抱えている。

Kànzhe hǎokàn dàn shíjìshang bìng bùxūyào de dōngxi, nǐ huò duō huò shǎo yě mǎiguò yìxiē ba?
看着好看但实际上并不需要的东西，你**或多或少**也买过一些吧?
見た目はいいけれど実際には使わない物を、あなたも多少買ったことあるでしょう?

2 ▶尽量 ［副詞］（力の及ぶ限り）できるだけ、なるべく、極力

Míngtiān yào zǎoqǐ, zánmen jǐnliàng zǎo diǎnr shuì ba.
明天要早起，咱们**尽量**早点儿睡吧。
明日は早起きしなければならないので、早く寝るようにしよう。

Gōngzuò suīrán máng, dàn wǒ háishi jǐnliàng bǎozhèng měitiān yǒu shíjiān xuéxí、kànshū.
工作虽然忙，但我还是**尽量**保证每天有时间学习、看书。
仕事は忙しいけれど、毎日勉強と読書の時間を確保するようにしている。

Wèile nǐde jiànkāng, nǐ háishi jǐnliàng shǎo chī diǎnr yóuzhá shípǐn ba.
为了你的健康，你还是**尽量**少吃点儿油炸食品吧。
健康のために、揚げ物はやはり控えるようにしましょう。

3 ▶毕竟 ［副詞］なんと言っても、さすがに、やはり

Xiànzài bìjìng bú shì yìbǎi nián qián le, nǐ zěnme hái zhème míxìn a?
现在**毕竟**不是一百年前了，你怎么还这么迷信啊?
今はさすがに 100 年前とは違うよ。そこまで迷信深いの?

Zhèr bìjìng shì shǒudū a, dāngrán yào bǐ qítā dìfang qìpài yìxiē.
这儿**毕竟**是首都啊，当然要比其他地方气派一些。
ここはなんと言っても首都だから、ほかの地方より立派なのは当然だ。

Dàjiā dōu zhùyì ānquán, bìjìng shéi dōu bù xiǎng shòushāng.
大家都注意安全，**毕竟**谁都不想受伤。
皆さん安全には気をつけて。誰だってやっぱりけがはしたくないからね。

第2課

来自日文的中文流行语

日本語由来の中国語の流行語

2-1
中日语言文字的有趣往来
日中言葉の面白い往来

2-2
来自二次元的流行语
「二次元」由来の流行語

2-3
来自影视及娱乐节目的流行语
ドラマ・映画や娯楽番組由来の流行語

2-4
来自职场的流行语
シゴト由来の流行語

2-5
其他常用流行语
その他の流行語

2-6
了解异文化的方式
異文化を理解する方法

2-1 中日语言文字的有趣往来

日中言葉の面白い往来

まず、聴いてみましょう！

ヒント1

Zuìjìn, Zhōng-Rì zhījiān zài yǔyán wénzì shàng yǒule shénmeyàng de jiāoliú?

最近，中日之间在语言文字上有了什么样的交流?

中国と日本の間では最近、どのような言葉の「交流」がありますか？

ヒント2

Rìběn chūxiànle shénme hé Zhōngwén yǒuguān de cháoliú?

日本出现了什么和中文有关的潮流?

日本ではどのような中国関連のトレンドが生まれてきたのですか？

ヒント3

“Zhìyù” zhèige cí zài Zhōngwén liúxíngyǔ zhōng de yìsi shì?

“治愈”这个词在中文流行语中的意思是?

中国語の流行語「治愈」の意味は？

単 語

日益 rìyì　日増しに、日を追うごとに

加上 jiāshang　～に加えて

借鉴 jièjiàn　手本とする、長所を採り入れる

一度 yí dù　かつて、～たことがある

忘却 wàngquè　忘れる

下面 xiàmian　次に、以下、これから

音声 17

中日语言文字的有趣往来

近《Jìn》几年《jǐnián》来《lái》，中日《Zhōng-Rì》两《liǎng》国《guó》之间《zhījiān》文化《wénhuà》交流《jiāoliú》日益《rìyì》频繁《pínfán》，再《zài》加上《jiāshang》两《liǎng》国《guó》都《dōu》使用《shǐyòng》汉字《Hànzì》，所以《suǒyǐ》语言《yǔyán》文字《wénzì》上《shang》的《de》相互《xiānghù》影响《yǐngxiǎng》、相互《xiānghù》借鉴《jièjiàn》的《de》情况《qíngkuàng》也《yě》越来越《yuèláiyuè》多《duō》。**不仅**《Bùjǐn》日本《Rìběn》一《yí》度《dù》出现了《chūxiànle》“伪《wěi》中国《Zhōngguó》语《yǔ》”的《de》潮流《cháoliú》，中国《Zhōngguó》的《de》年轻人《niánqīngrén》**也**《yě》直接《zhíjiē》把《bǎ》日文《Rìwén》词汇《cíhuì》**运用**《yùnyòng》到《dào》自己《zìjǐ》的《de》日常《rìcháng》表达《biǎodá》中《zhōng》，让《ràng》不少《bùshǎo》日文《Rìwén》词汇《cíhuì》变成了《biànchéngle》中文《Zhōngwén》的《de》流行语《liúxíngyǔ》。

例如《Lìrú》“治愈《zhìyù》”一词《Yìcí》，原本《yuánběn》是《shì》“治疗《zhìliáo》使《shǐ》康复《kāngfù》”的《de》意思《yìsi》，但《dàn》作为《zuòwéi》日文《Rìwén》“癒やし《いやし》”的《de》译词《yìcí》，“**治愈**《zhìyù》”现在《xiànzài》也《yě》用来《yònglái》形容《xíngróng》能《néng》令《lìng》人《rén》忘却《wàngquè》烦恼《fánnǎo》的《de》事物《shìwù》。例如《Lìrú》：“小熊猫《Xiǎoxióngmāo》的《de》视频《shìpín》看着《kànzhe》太《tài》治愈《zhìyù》了《le》”“我《Wǒ》被《bèi》她《tā》的《de》音乐《yīnyuè》治愈《zhìyù》了《le》”等等《děngděng》。下面《Xiàmian》，我们《wǒmen》就《jiù》来《lái》一起《yìqǐ》看看《kànkan》还有《háiyǒu》哪些《nǎxiē》日文《Rìwén》词汇《cíhuì》影响了《yǐngxiǎngle》当代《dāngdài》中国《Zhōngguó》年轻人《niánqīngrén》吧《ba》！

日中言葉の面白い往来

ここ数年ほど、日中間の文化交流が日増しに盛んになり、加えて両国とも漢字を使うこともあって、言葉の面で互いに影響を与え、良いところを採り入れ合うことが増えてきました。日本で「偽中国語」がブームになっただけでなく、中国の若者も直接日本語のボキャブラリーをそのまま日常表現で使っています。その中から、中国語の流行語になった日本語も少なくありません。

例えば、「治愈」という言葉、元々は「治療して、治るようにする」という意味ですが、日本語の「癒やし」の訳語として使われるようになり、中国語では、リラックスし、楽しい気分にさせ、悩みを忘れさせてくれるような物事に対する形容詞として用いられます。例えば、「パンダの赤ちゃんの動画は見ていて癒やされる」「彼女の音楽に癒やされた」のように。では、いまの中国人の若者に影響を与えた日本語は、ほかにどのようなものがあるかを見ていきましょう。

音声18

学習ポイント

1 ▶不仅…，也…　～だけでなく、～も

＊前後の単文の主語が違うことが多い。

Zhège shèjì tài kě'ài le, bùjǐn háizi xǐhuan, dàren yě xǐhuan.
这个设计太可爱了，**不仅**孩子喜欢，大人**也**喜欢。
このデザインはとてもかわいくて、子供だけでなく大人も好きだ。

Zhème nán de fántǐzì, bùjǐn shì wǒ, lǎoshī yě xiě buchūlái.
这么难的繁体字，**不仅**是我，老师**也**写不出来。
こんなに難しい繁体字は、私だけでなく先生も書けない。

Míngtiān de lùyíng, bùjǐn wǒ huì qù, Xiǎo Liú、Xiǎo Qián yě huì qù.
明天的露营，**不仅**我会去，小刘、小钱**也**会去。
明日のキャンプには、私だけでなく、劉さんと銭さんも行く予定だ。

2 ▶运用　［動詞］（方法・手段などを）利用する、活用する

Zhāng Yìmóu hěn shànyú zài yǐngpiàn zhōng yùnyòng sècǎi.
张艺谋很善于在影片中**运用**色彩。
チャン・イーモウは、映画の中の色の扱いがとてもうまい。

Tài jīnshǔ de yùnyòng ràng zhè kuǎn shǒujī biànde gèng qīng le.
钛金属的**运用**让这款手机变得更轻了。
チタンを使うことで、このスマホは軽くなった。

Tā néng línghuó yùnyòng hǎojǐ zhǒng biānjí ruǎnjiàn zhìzuò shìpín.
她能灵活**运用**好几种编辑软件制作视频。
彼女は複数の編集ソフトを使いこなせ、動画を編集することができる。

3 ▶治愈　［流行語］（動詞の治療する・治るの意から）癒やす、癒やされる

Shíjiān zhìyùle tā de bēitòng.
时间**治愈**了她的悲痛。　時間が彼女の悲しみを癒した。

Zhè shǒu gē zhēnde hǎo zhìyù!
这首歌真的好**治愈**！　この曲は本当に癒される！

Kàndào zhème zhěngqí de shōunà, wǒde qiǎngpòzhèng bèi zhìyù le.
看到这么整齐的收纳，我的强迫症被**治愈**了。
こんなきれいな収納を見ると、気持ち良くなる。（強迫症が治ったほど）

音声 19

2-2 来自二次元的流行语

「二次元」由来の流行語

まず、聴いてみましょう！

ヒント1

Zhōngwén liúxíngyǔ "Zhái" hé Rìwén de " オタク " yǒu shénme bùtóng?

中文流行语"宅"和日文的"オタク"有什么不同?

中国語の流行語「宅」と日本語の「オタク」にはどんな違いがありますか？

ヒント2

"Méngmèizi" de yìsi shì?

"萌妹子"的意思是?

「萌妹子」とはどんな意味ですか？

ヒント3

"Nìxí" zài Zhōngwén li de yìsi shì?

"逆袭"在中文里的意思是?

中国語の「逆袭」とはどんな意味ですか？

単語

出门 chūmén　外出する、出かける
热衷于 rèzhōng yú　～に夢中になる
就 jiù　とっくに、すでに、もう
绝地反击 juédì fǎnjī　絶体絶命からの逆転、起死回生
励志 lìzhì　モチベーションを高める、元気が出る
语境 yǔjìng　文脈

音声 20

来自二次元的流行语

“宅”。《“Zhái”.》中文中的“宅”一般指人不爱出门，《Zhōngwén zhōng de “zhái” yìbān zhǐ rén bú ài chūmén,》喜欢待在家，《xǐhuan dāi zàijiā,》而并非指那些热衷于动漫、游戏、小说的“御宅族”。《ér bìngfēi zhǐ nàxiē rèzhōng yú dòngmàn、yóuxì、xiǎoshuō de “Yù zhái zú”.》所以，《Suǒyǐ,》“我很宅”，《“wǒ hěn zhái”,》很可能只是“我喜欢待在家里”的意思。《hěn kěnéng zhǐshì “wǒ xǐhuan dāi zài jiāli” de yìsi.》

“萌”。《“Méng”.》许多中国人接触日本文化都是从动漫开始的，《Xǔduō Zhōngguórén jiēchù Rìběn wénhuà dōu shì cóng dòngmàn kāishǐ de,》动漫中出现的“萌”也很早就被年轻人用来表达“可爱”了。《dòngmàn zhōng chūxiàn de “Méng” yě hěn zǎo jiù bèi niánqīngrén yònglái biǎodá “kě'ài” le.》所以“萌妹子”就是对可爱女孩的称呼。《Suǒyǐ “Méng mèizi” jiùshì duì kě'ài nǚhái de chēnghu.》

“逆袭”。《“Nìxí”.》日本动漫作品中经常出现的“逆袭”，《Rìběn dòngmàn zuòpǐn zhōng jīngcháng chūxiàn de “Nìxí”,》在中文中有“绝地反击”的励志含义，《zài Zhōngwén zhōng yǒu “juédì fǎnjī” de lìzhì hányì,》所以常被用在“丑小鸭逆袭成了白天鹅”的这类语境中。《suǒyǐ cháng bèi yòngzài “chǒuxiǎoyā nìxí chéngle bái tiān'é” de zhè lèi yǔjìng zhōng.》

「二次元」由来の流行語

「宅」。中国語の「宅」は、一般的に人が長期間外出せず家にこもることを指します。マンガ・アニメ、ゲーム、小説などに夢中になっている「オタク」のことではありません。「自分はとても『宅』な人だ」、というのはおそらく「自分はインドア派だ」の意味です。

「萌」。中国人が日本文化に触れる際、マンガやアニメが入り口になっていることが多いです。マンガやアニメに出てくる「萌」も、早くから若者たちに「かわいい」の意味で使われてきました。「萌妹子」は、かわいい女の子に対する「呼称」になります。

「逆袭」。日本のマンガ・アニメ作品によく出てくる「逆襲」は、中国語では「逆転勝利・強敵に反撃する」のような前向きなニュアンスを持ちます。そのため、「みにくいアヒルの子が一発大逆転で白鳥になった」というような文脈でよく使われます。

音声21

学習ポイント

1 ▶ 并 + 否定表現（不、没など）　相手の予想とは異なることを強調する

Zhè shì gè wùhuì, shìqíng bìngfēi nǐ xiǎngxiàng de nàyàng.
这是个误会，事情**并**非你想像的那样。
それは誤解だ。事実は決して君が想像しているようなものじゃない。

Wǒ bìng bù xiǎng qù, dànshì bùdé bú qù.
我**并**不想去，但是不得不去。
行きたくないけど、行かなきゃならないんだ。

Tīngshuō nǐ xuéguò bālěiwǔ? — Bìng méiyǒu.
听说你学过芭蕾舞？　——**并**没有。
バレエを習ってたんだって？　——え？　まさか。[そんなことまったくない。]

2 ▶ 热衷于　～に夢中になる、熱中する

Tā rèzhōng yú biǎoyǎn.
他**热衷于**表演。 彼は演劇に夢中になっている。

Wǒ érzǐ zhǐ rèzhōng yú wán yóuxì.
我儿子只**热衷于**玩游戏。
うちの息子が好きなのはゲームだけ。

Rénmen rèzhōng yú tánlùn míngxīng de “bāguà”.
人们**热衷于**谈论明星的“八卦”。
人々は有名人の「ゴシップ」について話したがる。

3 ▶ 语境　［名詞］文脈、背景

Yǔjìng bùtóng, chēnghu yě huì fāshēng biànhuà.
语境不同，称呼也会发生变化。
文脈が違うと、呼称も変わる。

Gǎo qīngchǔ yǔjìng, cáinéng zhèngquè lǐjiě wénzhāng de yìsi.
搞清楚**语境**，才能正确理解文章的意思。
文脈を把握してはじめて文章の意味を正しく理解できる。

Tā de kètí shì《Quánqiúhuà yǔjìng zhōng de Zhōngwén jiàoxué》.
她的课题是《全球化**语境**中的中文教学》。
彼女の研究テーマは「グローバル化の文脈における中国語教育」。

音声22

2-3 来自影视及娱乐节目的流行语
ドラマ・映画や娯楽番組由来の流行語

まず、聴いてみましょう！

ヒント1

"Yányì hěn lìhai" de yìsi shì?

"颜艺很厉害"的意思是?

「颜艺很厉害」とはどんな意味ですか？

ヒント2

"Zhōng'èr" xíngróng de shì shénmeyàng de xíngwéi?

"中二"形容的是什么样的行为?

「中二」は何の行動を描写していますか？

ヒント3

"Dúshé" zài Zhōngwén li rúhé zuòwéi dòngcí lái yòng?

"毒舌"在中文里如何作为动词来用?

「毒舌」は中国語では動詞としてどのように使われますか？

単語

面部 miànbù 顔面
扭曲 niǔqū ねじ曲がる、曲がって変形する、ひしゃげる
成年人 chéngniánrén 成人、大人
刻薄 kèbó 思いやりのない、冷酷な、ひどい
惨遭 cǎn zāo ひどい目に遭う
评委 píngwěi 審査員

音声 23

来自影视及娱乐节目的流行语

“Yányì” . Zài Zhōngwén zhōng, “yányì hěn lìhai” de yìsi
“颜艺”。在中文中，“颜艺很厉害”的意思
jīběn hé Rìwén xiāngtóng, jiùshi zhǐ miànbù nénggòu zuòchū yìcháng niǔqū、
基本和日文相同，就是指面部能够做出异常扭曲、
jīngsǒng huò gǎoxiào de biǎoqíng.
惊悚或搞笑的表情。

“Zhōng'èr” . Hé Rìwén yíyàng, Zhōngwén zhōng de “Zhōng'èr” huòzhě
“中二”。和日文一样，中文中的“中二”或者
“Zhōng'èr bìng” yě yònglái xíngróng qīngchūnqī shàonián de yìxiē nányǐ lǐjiě de
“中二病”也用来形容青春期少年的一些难以理解的
yǒuqù xíngwéi. Dāngrán, chéngniánrén yě kěyǐ “hěn zhōng'èr”.
有趣行为。当然，成年人也可以“很中二”。

“Dúshé” . “Dúshé” zài Rìyǔ zhōng duō zhǐ yòng xīnlà、kèbó
“毒舌”。“毒舌”在日语中多指用辛辣、刻薄
de yǔyán, pīpíng huò fěngcì yìxiē rén huò shì. Zài Zhōngwén zhōng “Dúshé”
的语言，批评或讽刺一些人或事。在中文中“毒舌”
jì kěyǐ zuòwéi dòngcí, yě kěyǐ zuòwéi xíngróngcí lái yòng. Lìrú “zhè
既可以作为动词，也可以作为形容词来用。例如“这
bù diànyǐng cǎn zāo dúshé” “tā shì yí ge dúshé píngwěi” děngděng.
部电影惨遭毒舌”“他是一个毒舌评委”等等。

ドラマ・映画や娯楽番組由来の流行語

「颜艺」。中国語でいう「颜艺很厉害」は日本語の「顔芸がすごい」とほぼ同じ意味です。顔面が異常にひしゃげたり面白い表情を作れたりすることを指しています。

「中二」。日本同様、中国語の「中二」や「中二病」も、青春期の少年の、理解しづらいけれど面白い行為を表すのに使われます。もちろん、大人にも「中二病」の症状が見られることがあります。

「毒舌」。「毒舌」は日本語で、冷酷な言葉で他人や物事を批評することを指しますが、中国語では、動詞のほか、形容詞としても用いることができます。例えば、「この映画は酷評を浴びた」「彼は手厳しい審査員だ」のように用います。

音声 24

学習ポイント

1 ▶ 和…一样　～と同じ

＊類似表現：和…相同

Tā hé māma yíyàng, dōu yǒu yì shuāng piàoliang de yǎnjing.
她和妈妈一样，都有一双漂亮的眼睛。
彼女はママに似て、きれいな目をしている。

Wǒ yě hé nǐ yíyàng, kěwàng guò qīngsōng zìyóu de shēnghuó.
我也和你一样，渴望过轻松自由的生活。
あなたと同じように、楽で自由な生活に憧れている。

Hé hěn duō rén yíyàng, tā tiāntiān mángzhe shàngbān, méi shíjiān gěi fùmǔ dǎ diànhuà.
和很多人一样，他天天忙着上班，没时间给父母打电话。
多くの人がそうであるように、彼は毎日仕事に忙殺され、両親に電話する暇もなかった。

2 ▶ 当然　［副詞］当然のことだが（上文で述べた事柄の逆接や補充を表す）

Zhè jiā diàn wèidào hěn búcuò, dāngrán, jiàgé yě bù piányi.
这家店味道很不错，**当然**，价格也不便宜。
とてもおいしい店だが、当然なことに、値段は安くない。

Zhè bù diànyǐng zhēnde hěn zhíde yí kàn, dāngrán, bù xǐhuan wényìpiàn de huà bú kàn yě xíng.
这部电影真的很值得一看，**当然**，不喜欢文艺片的话不看也行。
この映画は本当に見る価値があるが、とはいっても、文学映画が嫌いな人は見なくても構わない。

Wǒ xiǎng qǐng xiǎo Zhāng dāng wǒ de jiànshēn jiàoliàn, dāngrán le, rúguǒ tā méikòng de huà yě bù miǎnqiǎng.
我想请小张当我的健身教练，**当然**了，如果她没空的话也不勉强。
張さんにトレーナーを担当してもらいたい。ただ、彼女の都合がつかなければ無理強いはしない。

3 ▶ 作为…来用　～として使う

Zhège shuǐbēi kěyǐ zuòwéi huāpíng lái yòng.
这个水杯可以**作为**花瓶**来用**。　このコップは花瓶としても使える。

Xiànzài de shǒujī dōu kěyǐ zuòwéi yóuxìjī lái yòng le.
现在的手机都可以**作为**游戏机**来用**了。　最近のスマホもゲーム機として使える。

Wǒ bǎ zhǐ ké xiāng zuòwéi māo wō lái yòng, hái tǐng hǎo yòng de.
我把纸壳箱**作为**猫窝**来用**，还挺好用的。
私は段ボール箱を猫ベッドとして使ってみたが、なかなかいい感じだ。

音声 25

2-4 来自职场的流行语

シゴト由来の流行語

まず、聴いてみましょう！

ヒント1

Zài Zhōngguó，shénmeyàng de rén huì zìchēng “Shèchù”?

在中国，什么样的人会自称“社畜”？

中国で「社畜」を自称するのはどういう人たちですか？

ヒント2

“Wǒ de àidòu jīntiān yíngyè le” de yìsi shì?

“我的爱豆今天营业了”的意思是?

「我的爱豆今天营业了」とはどういう意味ですか？

ヒント3

“Shùmǎ dá rén” de yìsi shì?

“数码达人”的意思是?

「数码达人」とはどんな意味ですか？

単語

自嘲 zìcháo 自嘲する、自虐する
显贵 xiǎnguì 身分が高く名高い評判がある事や人、貴顕（きけん）
通达 tōngdá 通じる、物事に対する理解が深い
豁达 huòdá 闊達、おおらかである
高手 gāoshǒu 名人、達人
数码 shùmǎ デジタル
理财 lǐcái 資産運用、財テク

音声26

来自职场的流行语

“社畜《Shèchù》”。最近《Zuìjìn》,“996”(早九点《zǎo jiǔ diǎn》上班《shàngbān》,晚九点《wǎn jiǔ diǎn》下班《xiàbān》,一周《yī zhōu》工作《gōngzuò》六天《liù tiān》)成了《chéngle》很多《hěn duō》中国《Zhōngguó》“打工人《Dǎgōng rén》”的《de》生活《shēnghuó》节奏《jiézòu》。所以《Suǒyǐ》，他们《tāmen》也《yě》和《hé》一些《yìxiē》日本《Rìběn》工薪族《gōngxīn zú》一样《yíyàng》，自嘲自己是《zìcháo zhāo zìjǐ shì》“社畜《Shèchù》”。

“营业《Yíngyè》”。中文《Zhōngwén》“营业《yíngyè》”一词《yì cí》古已有之《gǔ yǐ yǒu zhī》，现在也《xiànzài yě》多用在《duō yòngzài》“本商场营业时间《běn shāngchǎng yíngyè shíjiān》：早8：00-晚20：00《zǎo 8 diǎn zhì wǎn 20 diǎn》”这类语境中《zhè lèi yǔjìng zhōng》，很少用在个人身上《hěn shǎo yòngzài gèrén shēnshàng》；但现在流行语中的《dàn xiànzài liúxíngyǔ zhōng de》“营业《yíngyè》”则多少受了日语的影响《zé duōshao shòule Rìyǔ de yǐngxiǎng》。例如《Lìrú》：“我的爱豆《Wǒ de àidòu》(idol)终于出来营业了《zhōngyú chūlái yíngyè le》”“今天又是努力营业的一天《Jīntiān yòu shì nǔlì yíngyè de yì tiān》”。

“达人《Dá rén》”。“达人《Dá rén》”在中文中原本指《zài Zhōngwén zhōng yuánběn zhǐ》①身份显贵的人《shēnfèn xiǎnguì de rén》、②通达事理的人《tōngdá shìlǐ de rén》、③豁达豪放的人《huòdá háofàng de rén》。而在日语的影响下《Ér zài Rìyǔ de yǐngxiǎngxià》,“达人《dá rén》”现在多用来指某一领域的高手《xiànzài duō yònglái zhǐ mǒu yì lǐngyù de gāoshǒu》。比如《Bǐrú》旅游达人《Lǚyóu dá rén》、数码达人《Shùmǎ dá rén》、时尚达人《Shíshàng dá rén》、理财达人《Lǐcái dá rén》等等《děngděng》。

シゴト由来の流行語

「社畜」。最近、「996」勤務（朝 9 時出社、夜 9 時退社、週に 6 日出勤）は、多くの中国「サラリーマン」の日常になっています。こんな人たちは日本のサラリーマンと同じように、自嘲気味に自らを「社畜」と呼ぶことがあります。

「营业」。中国語の「営業」は、古代からある言葉で、今も「当店の営業時間は、朝 8：00 から夜 8：00 までです」という使われ方をすることが多いです。ただ人に使うことは少ないです。ですが、流行語の「营业」は少なからず日本語の影響を受けています。例をあげると、「好きなアイドルがやっと営業（バラエティ番組に出演すること）を開始した」「今日も頑張って『営業』した一日だ」。

「达人」。「達人」の本来の意味は、①身分の高い人、②物事の道理に通じた人、③闊達豪放な人ですが、日本語の影響で、「达人」は何らかの分野の名人を表すようになりました。例えば、旅行の達人、デジタル家電の達人、ファッションの達人、資産運用の達人のように用います。

音声27

学習ポイント

1 ▶自嘲　［動詞］自嘲する・自虐する

Tā de zìcháo shífēn yōumò.

他的**自嘲**十分幽默。　彼の自虐はとてもユーモラスだ。

Tā zìcháo zìjǐ zhǎngde xiàng chángjǐnglù.

他**自嘲**自己长得像长颈鹿。　彼は「自分がキリンに見える」と自嘲している。

Xiān zìcháo de rén，bú huì jiànxiào yú rén.

先**自嘲**的人，不会见笑于人。

［諺］自分を笑える者は笑われない。

2 ▶受…影响　～の影響を受ける

Wǒ xǐhuan wénxué qíshí shì shòule māma de yǐngxiǎng.

我喜欢文学其实是**受**了妈妈的**影响**。

私の文学好きは、実は母の影響を受けたからだ。

Shòu táifēng yǐngxiǎng，bùfen gāosù gōnglù lùduàn zàntíng tōngxíng.

受台风**影响**，部分高速公路路段暂停通行。

台風の影響で高速道路が一部通行止めになっている。

Tā hěn yǒu zhǔjiàn，bù róngyì shòu biéren yǐngxiǎng.

她很有主见，不容易**受**别人**影响**。

彼女はしっかりとした考えを持っていて、他人に影響されにくい。

3 ▶又　［副詞］また（同じ動作が重複すること、同じ事態が再度発生することを表す）、さらに（累加を表す）

Nǐ yòu huàn nánpéngyou le?

你**又**换男朋友了？　また彼氏を変えたの？

Yōuyīkù jīnnián yòu tuīchūle xīnde liánmíng xìliè.

优衣库今年**又**推出了新的联名系列。

ユニクロは今年も新たなコラボシリーズを発表した。

Zhè bù diànyǐng shì Lǐ Ān dǎoyǎn de yòu yí lìzuò.

这部电影是李安导演的**又**一力作。

この映画はアン・リー監督のもう一つの傑作だ。

2-5 其他常用流行语

その他の流行語

まず、聴いてみましょう！

ヒント1

“Duànshělí” de lǐniàn shì shénme shíhou bèi tíchū de?

“断舍离”的理念是什么时候被提出的?

「断舍离」という考え方が提出されたのはいつですか？

ヒント2

“Wéihégǎn” zài Zhōngwén liúxíngyǔ zhōng de hányì shì shénme?

“违和感”在中文流行语中的含义是什么?

中国語の流行語としての「违和感」の意味は？

ヒント3

Zhōngwén li “Míhuò” de yìsi shì shénme?

中文里“迷惑”的意思是什么?

中国語で「迷惑」の意味は？

単語

反思 fǎnsī 反省する、顧みる、考え直す
协调 xiétiáo 調和する、協調する、つり合いがとれる
看起来 kànqilai 見たところ、見た感じ
听起来 tīngqilai 聞いたところ、聞いた感じ
拼接 pīnjiē つなぎ合わせる
迷惑不解 míhuò bù jiě 何が何だか分からない
捉摸不透 zhuōmō bú tòu 推し量ることができない、掴みどころがない
奇葩 qípā 風変わりな、奇抜な、奇妙な
搞笑 gǎoxiào おかしい、笑える

音声 29

其他常用流行语

“断舍离”。《“Duànshělí”.》自2009年山下英子提出《Zì 2009 nián Shānxià Yīngzǐ tíchū》“断舍离”《“Duànshělí”》的生活理念后，《de shēnghuó lǐniàn hòu,》不少中国人也开始反思自己的物欲，《bùshǎo Zhōngguórén yě kāishǐ fǎnsī zìjǐ de wùyù,》尝试“极简生活”。《chángshì “jí jiǎn shēnghuó”.》

“违和感”。《“Wéihégǎn”.》中文里的“违和”多指不协调或异常。《Zhōngwén lǐ de “wéihé” duō zhǐ bù xiétiáo huò yìcháng.》所以日语的《Suǒyǐ Rìyǔ de》“违和感”《“wéihégǎn”》一词变成中文流行语后，是《yì cí biànchéng Zhōngwén liúxíngyǔ hòu, shì》事情看**起来**、《shìqíng kànqilai、》**听起来**很不自然的意思，《tīngqilai hěn bú zìrán de yìsi,》**反之**，《fǎnzhī,》“不违和”《“bù wéihé”》就是很自然的意思。《jiùshì hěn zìrán de yìsi.》例如《Lìrú》“这两首歌拼接在一起，《“zhè liǎng shǒu gē pīnjiēzài yìqǐ,》真的毫无违和感”。《zhēnde háo wú wéihégǎn”.》

“迷惑行为”。《“Míhuò xíngwéi”.》日文中，《Rìwén zhōng,》“迷惑行为”《“míhuò xíngwéi”》指的是会给别人带来麻烦的行为，《zhǐ de shì huì gěi biéren dàilái máfan de xíngwéi,》但由于中文中有“迷惑不解”这个表达，《dàn yóuyú Zhōngwén zhōng yǒu “míhuò bù jiě” zhège biǎodá,》所以中文流行语中的“迷惑行为”往往指的是令人捉摸不透的、《suǒyǐ Zhōngwén liúxíngyǔ zhōng de “míhuò xíngwéi” wǎngwǎng zhǐ de shì lìngrén zhuōmō bú tòu de、》奇葩的，《qípā de,》有些傻、《yǒuxiē shǎ、》有些搞笑的行为。《yǒuxiē gǎoxiào de xíngwéi.》

その他の流行語

「断舍离」。2009年にやましたひでこが「断捨離」という生き方を提唱すると、中国人の中にも自身の物欲を反省し、「ミニマリズム」の生活を始める者が多く現れました。

「违和感」。中国語での「违和」は協和的ではない、いつもと違うという状態を指しています。日本語の「違和感」が中国語の流行語になると、物事が見た感じ、聞いた感じ不自然であることを表します。逆に、「不违和」は「とても自然だ」の意味になります。例えば、「この2つの歌をつなぎ合わせても全く違和感がない」というふうに用います。

「迷惑行为」。日本語では、「迷惑行為」とは、他人に面倒をもたらしたり、嫌な思いをさせたりする行為を指します。しかし、中国語には「迷惑不解」という表現があることから、中国語で流行語として使われている「迷惑行為」は、とらえどころがなく、奇妙で、ややバカげていて、笑える行為を指すことが多いです。

音声30

学習ポイント

1 ▶自（从）…后…　～より・から～（ある時点以降、状態が持続）

Zì dàxué bìyè hòu，wǒ jiù méi huíguo mǔxiào.
自大学毕业后，我就没回过母校。
大学卒業以来、母校には一度も戻っていない。

Tā zìcóng jiéhūn hòu，jiù bú zài gōngzuò le.
她自从结婚后，就不再工作了。
彼女は結婚してからもう就職していない。

Zìcóng kāishǐ wán zhè kuǎn yóuxì hòu，biéde yóuxì wǒ dōu juéde méi yìsi.
自从开始玩这款游戏后，别的游戏我都觉得没意思。
このゲームを始めてから、ほかのゲームが面白いと思えなくなった。

2 ▶看起来 / 听起来　見たところ / 聞いたところ

Nǐ kànqilai hěn méi jīngshén，nǎli bù shūfu?
你**看起来**很没精神，哪里不舒服?
元気がなさそうだけど、どこか具合でも悪いの？

Kànqilai，jīntiān yào xiàyǔ.
看起来，今天要下雨。
今日は雨が降りそうだ。

Gōngzuò tiáojiàn tīngqilai búcuò.
工作条件**听起来**不错。　聞いた感じ、勤務条件はなかなかだ。

3 ▶反之　［接続詞］逆に、反対に、さもないと

Shíjiān kěyǐ yònglái jiāohuàn jīnqián，fǎnzhī yì rán.
时间可以用来交换金钱，**反之**亦然。
時間はお金と交換できるし、その逆もしかりである。

Jiěmèiliǎ de xìnggé bùtóng，mèimei bǐjiào rènxìng，fǎnzhī，jiějie zé bǐjiào wěnzhòng.
姐妹俩的性格不同，妹妹比较任性，**反之**，姐姐则比较稳重。
この姉妹2人は性格が違う。妹はちょっとわがままで、一方姉は落ち着いている。

Róngyì lǐjiě de jiù róngyì jìzhù，fǎnzhī，nányǐ lǐjiě de jiù hěn nán jìzhù.
容易理解的就容易记住，**反之**，难以理解的就很难记住。
分かりやすいことは覚えやすく、逆に分かりにくいことは覚えにくい。

音声 31

2-6 了解异文化的方式

異文化を理解する方法

まず、聴いてみましょう！

ヒント1

Zhōngwén liúxíngyǔ zhōng háiyǒu nǎxiē shì láizì Rìwén de?

中文流行语中还有哪些是来自日文的?

中国語の流行語には、ほかにどんな日本語由来のものがありますか？

ヒント2

Zhōng-Rì wénhuà chāyì huì dǎozhì shénme wèntí?

中日文化差异会导致什么问题?

中国と日本の文化の違いによってどのような問題が引き起こされますか？

ヒント3

Wèile liǎojiě “Yìwénhuà” wǒmen yīnggāi zěnme zuò?

为了了解“异文化”我们应该怎么做?

中国語で「異文化」を理解するには、私たちはどうすべきでしょうか？

単語

丰富 fēngfù　豊かにする

库 kù　ライブラリー、リスト

生动 shēngdòng　生き生きとした、ダイナミックな

出入 chūrù　差、違い、相違

难免 nánmiǎn　避けられない、免れない、～てしまう

音声 32

了解异文化的方式

除了上面说到的这些《Chúle shàngmian shuōdào de zhèxiē》，中文中还有很多来自日文的流行语《Zhōngwén zhōng háiyǒu hěn duō láizì Rìwén de liúxíngyǔ》，例如民宿《lìrú mínsù》、OL《OL》、爆笑《bàoxiào》、残念《cánniàn》、人气《rénqì》、傲娇等《àojiāo děng》。

不得不说《Bùdé bù shuō》，日文的词汇从各个方面丰富了中国当代人的流行语库《Rìwén de cíhuì cóng gège fāngmiàn fēngfùle Zhōngguó dāngdàirén de liúxíngyǔkù》，让年轻人的表达变得更加有趣和生动《ràng niánqīngrén de biǎodá biànde gèngjiā yǒuqù hé shēngdòng》。不过《Búguò》，也因为存在文化差异《yě yīnwèi cúnzài wénhuà chāyì》，所以在一些词汇的理解和使用方法上《suǒyǐ zài yìxiē cíhuì de lǐjiě hé shǐyòng fāngfǎ shàng》，中日之间仍然存在**出入**《Zhōng-Rì zhījiān réngrán cúnzài chūrù》，“迷惑《Míhuò》”“逆袭《Nìxí》”就是这其中的典型《jiùshi zhè qízhōng de diǎnxíng》。不过《Búguò》，语言总是**难免**误解《yǔyán zǒngshi nánmiǎn wùjiě》，能够在误解和曲解之后《nénggòu zài wùjiě hé qūjiě zhīhòu》，实现真正的理解《shíxiàn zhēnzhèng de lǐjiě》，也是一种不错的了解《yě shi yì zhǒng búcuò de liǎojiě》“异文化《Yìwénhuà》”的方式《de fāngshì》。

異文化を理解する方法

これまでに挙げた以外にも、民宿、OL、爆笑、残念、人気、ツンデレなど、中国語の中に日本語に由来する流行語はたくさんあります。

日本語のボキャブラリーはさまざまな面において現代中国人の流行語録を豊かにし、若者の表現方法をより面白く生き生きとさせたと言わざるを得ません。しかし、文化の違いもあることから、一部の言葉の理解と使用法において、日中間には依然相違が存在しています。「迷惑」「逆袭」はその典型例です。ただ、言葉というものは誤解を避けては通れません。誤解や曲解を乗り越えた末に、真の理解を実現することができれば、それもまたオツな異文化理解の方法ではないでしょうか。

＊その他の日本語由来の流行語の例：正太（ショタ＝可愛い外見の少年）、萝莉控（ロリコン）、壁咚（壁ドン）、腹黑（腹黒い）、完胜（完勝する）、现充（リア充）

音声 33

学習ポイント

1 ▶不得不 （二重否定）…せざるを得ない、…しなければならない

Bùdé bù shuō，zhè jiā diàn de zuìxiè zhēnde hěn hǎochī.
不得不说，这家店的醉蟹真的很好吃。
悔しいけど、この店の「酔っ払い蟹」（生の上海蟹の酒漬け）は本当においしい。

Tā de xìnggé hěn hǎo，ràng rén bùdé bù ài.
他的性格很好，让人不得不爱。
彼は性格が良くて、愛されずにはいられない。

Zhège Gǔtǎ de jiànzhù jiégòu shífēn jīngqiǎo，ràng rén bùdé bù gǎntàn gǔdài láodòng rénmín de zhìhuì.
这个古塔的建筑结构十分精巧，让人不得不感叹古代劳动人民的智慧。
この古い仏塔はとても精巧な建築構造をしていて、古代の匠たちの知恵に本当に感心します。

2 ▶出入 ［名詞］くい違い・相違

＊類語：不同

Shíjì huāle duōshao qián jiùyào bào duōshao，bù néng yǒu chūrù.
实际花了多少钱就要报多少，不能有出入。
実際に使った金額を申告してください、相違があってはいけません。

Tā zhēnshí de yàngzi hé wǎngshang de zhàopiàn yǒu yìdiǎnr chūrù.
她真实的样子和网上的照片有一点儿出入。
彼女の実際の見た目はネットに上がっている写真とは少し違う。

Diànshìjù hé yuánzhù háishi yǒu hěn míngxiǎn de chūrù de.
电视剧和原著还是有很明显的出入的。
ドラマと原作はやはり相当な相違がある。

3 ▶难免 ［動詞］避けられない、免れ難い

＊“会”（そうなる）とセットで使ったり、“是难免的”の形で使ったりすることが多い。

Xīnrén fàn cuò shì nánmiǎn de ma!
新人犯错是**难免**的嘛！ 新人がミスを犯すのは仕方がないことじゃない。

Zuìjìn chīdeduō，nánmiǎn huì fāpàng.
最近吃得多，**难免**会发胖。 最近食べ過ぎたから、太るのも仕方がない。

Nǐ zhème shuō，tā nánmiǎn huì yǒudiǎnr bù gāoxìng.
你这么说，她**难免**会有点儿不高兴。そんなこと言われたら、彼女が怒るのは当然だ。

第3課

“汉服”大科普！
中国年轻人
缘何爱汉服？

「漢服」大解剖！
中国の若者はなぜ漢服が好き？

3-1

汉服与汉服热

漢服および漢服ブーム

3-2

汉服之美及其分类

漢服の美しさとその分類

3-3

汉服的功能分类和早期汉服的发展与特点

漢服の機能分類、初期の発展とその特徴

3-4

宋明汉服

宋・明の漢服

3-5

当代年轻人如何穿汉服

現代の若者はどのように漢服を楽しんでいる？

3-6

汉服的现代化

漢服の現代化

音声34

3-1 汉服与汉服热

漢服および漢服ブーム

まず、聴いてみましょう！

ヒント1

"Hànfú" de dìngyì shì shénme?

"汉服"的定义是什么?

「漢服」の定義は何ですか？

ヒント2

Hànfú zài wēibó shang yǒu duōshao huàtí yuèdúliàng?

汉服在微博上有多少话题阅读量?

漢服の Weibo 話題閲覧数（PV）はいくらになっていますか？

ヒント3

Duǎnshìpín píngtáishang nǎ lèi hé hànfú yǒuguān de shìpín zuì shòu huānyíng?

短视频平台上哪类和汉服有关的视频最受欢迎?

ショート動画プラットフォームで、漢服関連のどういう動画が一番人気がありますか?

単語

追捧 zhuīpěng　称賛する、絶賛する、崇拝する、支持する
小众 xiǎozhòng　マイナーな
短视频 duǎnshìpín　ショート動画
分享 fēnxiǎng　共有する、シェアする
穿搭 chuāndā　コーディネート、着こなし
综艺 zōngyì　バラエティ番組
牵手 qiānshǒu　手をつなぐ
热潮 rècháo　ブーム
乐于… lèyú　喜んで～する

音声 35

汉服与汉服热

Zhè liǎng nián, “hànfú” shòudàole yuèláiyuè duō Zhōngguó niánqīngrén
这两年，“汉服”**受到**了越来越多中国年轻人
de zhuīpěng. Suǒwèi “hànfú”, jí “Hànmínzú de chuántǒng fúshì”,
的**追捧**。所谓“汉服”，即“汉民族的传统服饰”，
yǒu yōujiǔ de lìshǐ, dàn yě yídù bèi rén yíwàng. Rán'ér zuìjìn 20 nián,
有悠久的历史，但也一度被人遗忘。然而最近 20 年，
hànfú què chóngxīn liúxíngle qǐlai, tā cóng yí ge xiǎozhòng àihào,
汉服却重新流行了起来，它从一个**小众**爱好，
biànchéngle zhǔliú wénhuà de chǒng'ér. Rújīn, “hànfú” zài wēibó shang
变成了主流文化的宠儿。如今，“汉服”在微博上
yǐ yǒu 80 yì cì de huàtí yuèdúliàng, zài dǒuyīn píngtái shang, qí xiāngguān
已有 80 亿次的话题阅读量，在抖音平台上，其相关
duǎnshìpín de bōfàngliàng yě yǐ chāoguò 600 yì cì, qízhōng, fēnxiǎng hànfú
短视频的播放量也已超过 600 亿次，其中，分享汉服
chuāndā de nèiróng zuì shòu huānyíng. Yǔ cǐ tóngshí, gèdì zhèngfǔ bùmén、
穿搭的内容最受欢迎。与此同时，各地政府部门、
wénhuà jīgòu、 míngxīng zōngyì děng gè fāng lìliang yě fēnfēn hé “hànfú”
文化机构、明星综艺等各方力量也纷纷和“汉服”
qiānshǒu, gòngtóng tuīdòng hànfú rècháo de gāozhǎng. Xiànzài, niánqīngrén
牵手，共同推动汉服热潮的高涨。现在，年轻人
yuèláiyuè lèyú mǎi hànfú, chuān hànfú guòjié. Yí ge bǎi yì guīmó de
越来越乐于买汉服，穿汉服过节。一个百亿规模的
hànfú shìchǎng zài Zhōngguó qiǎorán chéngxíng.
汉服市场在中国悄然成形。

漢服および漢服ブーム

近年、漢服文化は中国の若者にますます支持されるようになっています。「漢服」とは、「漢民族の伝統衣装」のことで、長い歴史がありますが、一度忘れられていた存在です。ですが、この 20 年で、漢服文化は再びはやり、マイナー文化から、徐々にメジャー文化の寵児へと変化してきました。現在（2023 年末）、中国の SNS「微博（ウェイボー）」では、ハッシュタグ「漢服」のトピックが 80 億 PV を達成。中国版 TikTok「抖音」では、「漢服」関連のショート動画の再生回数が 600 億回を超え、中でも漢服のコーディネートを紹介する内容が一番人気です。同時に、各地方の政府部門、文化機構、芸能人の出演するバラエティ番組なども「漢服」とコラボして、ブームを盛り立てており、いま、若者は漢服を買い、漢服を着て祭日・祝日を過ごすようになりました。こうして、100 億元規模の漢服のマーケットが中国でひっそりと形成されています。

音声36

学習ポイント

1 ▶受到…追捧　～に支持される、称賛される、崇拝される、人気を博す

＊類似表現：受…欢迎

Píngguǒ de xīnchǎnpǐn shòudàole shìchǎng de zhuīpěng.
苹果的新产品**受到**了市场的**追捧**。
アップルの新商品は市場で人気を博した。

Zhè běn xīnshū shòudàole dúzhěmen de zhuīpěng.
这本新书**受到**了读者们的**追捧**。
この新刊書は読者に支持されている。

Tā yì chūdào，jiù shòudàole shíshàngjiè de zhuīpěng.
她一出道，就**受到**了时尚界的**追捧**。
彼女はデビューするなり、ファッション業界で引っ張りだこになった。

2 ▶小众　［形容詞］ニッチだ

＊反義語：大众

Wǒ xǐhuan de diànyǐng bǐjiào xiǎozhòng，hěn shǎo yǒu rén zhīdào.
我喜欢的电影比较**小众**，很少有人知道。
私が好きな映画はちょっとニッチで、知っている人は少ない。

Shēngtóng shì yì zhǒng bǐjiào xiǎozhòng de yǐnshí fāngshì.
生酮是一种比较**小众**的饮食方式。
ケトジェニックはわりとニッチな飲食法だ。

Zhè shì yì kuǎn xiǎozhòng xiāngshuǐ，bú yòng dānxīn hé biéren zhuàngxiāng.
这是一款**小众**香水，不用担心和别人撞香。
これはあんまり知られていない香水だから、他人と被る心配はない。

3 ▶穿搭　［名詞］“ 穿衣搭配 ”の略、コーディネート

Tā duì chuāndā fēicháng yǒu yánjiū.
他对**穿搭**非常有研究。　彼はコーディネートの専門家だ。

Nǐ zhè shēn chuāndā hěn shìhé dùjià.
你这身**穿搭**很适合度假。　今日のコーデ、バカンスにぴったりだね。

Zhè wèi bó zhǔ de rìcháng chuāndā hěn yǒu cānkǎo jiàzhí.
这位博主的日常**穿搭**很有参考价值。このインフルエンサーの普段着コーデはとても参考になる。

音声 37

3-2 汉服之美及其分类

漢服の美しさとその分類

まず、聴いてみましょう！

ヒント1

Hànfú zài tóuguān、shānqún shang yǒu shénme tèdiǎn?

汉服在头冠、衫裙上有什么特点?

漢服の「髪飾り・帽子」と「上着・スカート」にはどんな特徴がありますか？

ヒント2

Hànfú de "Shēn yī zhì" hé "Shàngyī xiàcháng zhì" yǒu shénme bùtóng?

汉服的"深衣制"和"上衣下裳制"有什么不同?

漢服の「深衣制」と「上衣下裳制」の違いは何ですか？

ヒント3

Gēnjù chǎnghé, wǒmen hái kěyǐ bǎ hànfú fēnwéi nǎ sān-lèi?

根据场合，我们还可以把汉服分为哪三类?

漢服をシーン別で３つに分類すると？

単 語

勾勒 gōulè　輪郭を取る、縁取る、アウトラインを描く
样式 yàngshì　様式、スタイル、型、形
图案 tú'àn　図案、模様、デザイン
关注 guānzhù　注目、関心
裳 cháng　古代の袴、スカート
居家 jūjiā　家で過ごす、在宅

音声 38

汉服《Hànfú》之美及其分类

不可否认《Bùkě fǒurèn》的《de》是《shì》，许多《xǔduō》人《rén》喜欢上《xǐhuanshang》汉服《hànfú》，首先《shǒuxiān》是《shì》因为《yīnwèi》汉服《hànfú》本身《běnshēn》的《de》美《měi》。华丽《Huálì》的《de》头冠《tóuguān》、五彩《wǔcǎi》的《de》衫裙《shānqún》、金《jīn》丝《sī》银《yín》线《xiàn》勾勒《gōulè》而《ér》成《chéng》的《de》花鸟《huāniǎo》刺绣《cìxiù》……从《cóng》样式《yàngshì》到《dào》色彩《sècǎi》、图案《tú'àn》，汉服《hànfú》很《hěn》容易《róngyì》引起《yǐnqǐ》年轻人《niánqīngrén》的《de》好奇《hàoqí》和《hé》关注《guānzhù》。下面《Xiàmian》，我们《wǒmen》就《jiù》来《lái》一起《yìqǐ》看看《kànkan》汉服《hànfú》的《de》不同《bùtóng》形制《xíngzhì》及《jí》其《qí》在《zài》不同《bùtóng》时代《shídài》的《de》特点《tèdiǎn》吧《ba》。

汉服《Hànfú》的《de》形制《xíngzhì》主要《zhǔyào》分《fēn》“深衣制《Shēn yī zhì》”和《hé》“上衣下裳制《Shàngyī xiàcháng zhì》”，前者《qiánzhě》是《shì》上衣《shàngyī》和《hé》下裳《xiàcháng》连为《liánwéi》一体《yìtǐ》，后者《hòuzhě》是《shì》上衣《shàngyī》和《hé》下裳《xiàcháng》分开《fēnkāi》。根据《Gēnjù》场合《chǎnghé》的《de》不同《bùtóng》，还《hái》可以《kěyǐ》分为《fēnwéi》重大《zhòngdà》仪式《yíshì》上《shàng》穿的《chuānde》“礼服《lǐfú》”；外出《wàichū》时《shí》穿的《chuānde》“常服《chángfú》”；以及《yǐjí》居家《jūjiā》时《shí》穿的《chuānde》“便服《biànfú》”等《děng》。

漢服の美しさとその分類

多くの人が漢服を愛する理由は、まず漢服そのものの美しさにあることを否定できません。豪華で美しい髪飾り、色とりどりの上着とスカート、金銀の糸で縁取られた花や鳥の刺繍……スタイルも色も図案も、若者の好奇心と注目を集めるのに十分です。それでは、漢服のさまざまな形式と時代ごとの特徴について見ていきましょう。

漢服の形式は主に「深衣」（上衣と袴状の下衣を縫い合わせてあるもの）と「上衣下裳」（上衣と袴状の下衣が分かれているもの）に大別されます。これらはTPOに応じて、大切な儀式のときに着る「礼服」、外出時に着る「常服」、それに在宅時に着る「便服」に分けられます。

音声 39

学習ポイント

1 ▶ 关注　［動詞］注目する

Zuìjìn huánjìng bǎohù wèntí zàidù shòudào rénmen de guānzhù.
最近环境保护问题再度受到人们的**关注**。
最近、環境保護問題が再び注目を集めている。

Wǒ píngshí bǐjiào guānzhù cáijīng fāngmiàn de xīnwén.
我平时比较**关注**财经方面的新闻。
私は普段、金融ニュースに注目している。

Wǒmen de guānzhùdiǎn bù yīnggāi zhǐ fàngzài suōjiǎn chéngběn shang.
我们的**关注**点不应该只放在缩减成本上。
コスト削減だけに重点を置くべきではない。

2 ▶ 分开　［動詞］分ける・分かれる

＊“开”は“分”の補語として理解してよい。

Fàn hé cài fēnkāi zhuāng ba.
饭和菜**分开**装吧。　米とおかずを分けて包もう。

Gōngzuò hé shēnghuó yào jǐnkěnéng fēnkāi.
工作和生活要尽可能**分开**。　仕事と生活はできるだけ分けるべきだ。

“Wǒmen fēnkāi yí duàn shíjiān ba.”
“我们**分开**一段时间吧。”　「一旦別れましょう。」

3 ▶ 场合　［名詞］場、場面

Tāmen liǎ méiyǒu zài gōngkāi chǎnghé jiànguò miàn.
他们俩没有在公开**场合**见过面。
この2人は人前で会ったことがない。

Wǒ bú tài xǐhuan zhè zhǒng shèjiāo chǎnghé.
我不太喜欢这种社交**场合**。
こういう社交の場はあまり好きではない。

Zài hūnlǐ zhè zhǒng chǎnghé，bù néng chuānde tài suíbiàn.
在婚礼这种**场合**，不能穿得太随便。
結婚式のような場では、カジュアルすぎる服装は避けましょう。

3-3 汉服的功能分类和早期汉服的发展与特点

漢服の機能分類、初期の発展とその特徴

まず、聴いてみましょう！

ヒント1

Hànfú de “Zhàoshān” yǒu nǎxiē fēnlèi?

汉服的“罩衫”有哪些分类?

漢服の「羽織物」にはどんな物がありますか？

ヒント2

“Shǒufú” hé “zúyī” zhǐde shì shénme?

“首服”和“足衣”指的是什么?

「首服」と「足衣」はそれぞれ何を指しますか？

ヒント3

Suí Táng shíqī de qúnzi yǒu shénme tèdiǎn?

隋唐时期的裙子有什么特点?

隋・唐の時代の「スカート」にはどんな特徴がありますか？

単語

配饰 pèishì　アクセサリー
斗篷 dǒupeng　マント
成熟 chéngshú　成熟する、確立する、完成形に近い
系 jì　結ぶ、締める、掛ける
修长 xiūcháng　すらりとしている
圆领 yuánlǐng　丸襟、丸首

音声41

汉服的功能分类和早期汉服的发展与特点

按《Àn》功能《gōngnéng》，我们《wǒmen》还《hái》可以《kěyǐ》将《jiāng》汉服《hànfú》分为《fēnwéi》：内衣《nèiyī》、中衣《zhōngyī》、外衣《wàiyī》、罩衫《zhàoshān》、配饰《pèishì》、首服《shǒufú》、足衣《zúyī》等《děng》。其中《Qízhōng》，罩衫《zhàoshān》可《kě》分为《fēnwéi》：褙子《bèizi》、大氅《dàchǎng》、褙心《bèixīn》、半臂《bànbì》、斗篷《dǒupeng》五《wǔ》类《lèi》；首服《shǒufú》可《kě》分为《fēnwéi》冠冕《guānmiǎn》和《hé》巾帽《jīnmào》类《lèi》；足衣《zúyī》则《zé》可以《kěyǐ》简单《jiǎndān》理解为《lǐjiěwéi》鞋《xié》袜《wà》。

汉服《Hànfú》定型《dìngxíng》于《yú》周朝《Zhōu cháo》，传承《chuánchéng》于《yú》秦汉《Qín Hàn》，到了《dàole》隋唐五代《Suí Táng Wǔdài》时《shí》，已经《yǐjīng》发展得《fāzhǎnde》十分《shífēn》成熟《chéngshú》。隋唐《Suí Táng》时期《shíqī》，女子《nǚzǐ》流行《liúxíng》穿《chuān》短《duǎn》上衣《shàngyī》搭配《dāpèi》“襦裙《Rúqún》”，裙腰《qúnyāo》往往《wǎngwǎng》系《jì》在《zài》胸《xiōng》上《shang》，看上去《kànshangqu》十分《shífēn》修长《xiūcháng》俏丽《qiàolì》；而《ér》唐代《Tángdài》男装《nánzhuāng》多《duō》为《wéi》“圆领袍《Yuánlǐngpáo》”，并《bìng》搭配《dāpèi》具有《jùyǒu》收纳《shōunà》功能《gōngnéng》的《de》腰带《yāodài》——“蹀躞带《Diéxièdài》”。如果《Rúguǒ》是《shì》官员《guānyuán》，不同《bùtóng》级别《jíbié》的《de》官员《guānyuán》，袍服《páofú》的《de》颜色《yánsè》也《yě》不《bù》一样《yíyàng》。

漢服の機能分類、初期の発展とその特徴

機能という観点からは、「内衣（下着）」、「中衣（シャツ類）」、「外衣（上着）」、「罩衫（羽織物）」、アクセサリー、「首服（頭部の装飾）」、「足衣（足袋）」などに分類できます。「罩衫」は「褙子(両脇に深いスリットが入った羽織）」、「大氅（オーバー）」、「褙心（チョッキ）」、「半臂（半袖の羽織）」、「斗篷（マント）」の5種類に、「首服」は「冠冕（位の高い者がつける冠）」と「巾帽（頭巾、帽子）」類に分けられ、「足衣」は靴と靴下と考えればよいでしょう。

漢服は周の時代に形式が定着し始め、秦・漢に引き継がれ、隋・唐・五代にかけて、十分完成形になったと言えます。隋・唐時代は、女性服は上衣にスカートのスタイルが流行していました。スカートのウエストの多くは胸の上で結び、あか抜けてすらりと見えるようにしていました。唐の男性服は丸襟で襟が外側に反った「袍（長衣）」が主流です。セットでつけるのはものを収納することのできるベルト――「蹀躞帯」。官僚の場合、「袍」の色も階級によって異なります。

音声42

学習ポイント

1 ▶按　［前置詞］～によって、～に従って、～の通りに

＊“按照”の略。

Qǐng àn shuōmíngshū cāozuò.
请按说明书操作。　説明書通りに操作してください。

Jìde ànshí fúyào.
记得按时服药。　時間通りに薬を飲んで。

Wǒ àn nǐ shuōde，shàngwǔ qù bàn qiānzhèng le，guǒrán hěn shùnlì.
我按你说的，上午去办签证了，果然很顺利。
言われた通り午前中にビザを取りに行きました。うまくいきました。

2 ▶传承　［動詞・名詞］受け継ぐ、継承

Wénhuà chuánchéng xūyào wǒmen měi yídàirén de nǔlì.
文化传承需要我们每一代人的努力。
文化の継承には、代々の人たちの努力が必要だ。

Hédiāo shì chuánchéngle shù bǎinián de shǒugōng jìyì，wǒ xiǎng bǎ tā jìxù chuánchéngxiàqu.
核雕是传承了数百年的手工技艺，我想把它继续传承下去。
核彫は何百年も受け継がれてきた手工芸の技術で、これからも受け継いでいきたい。

Rìběn yǒu hěn duō cóng Jiānghù shídài chuánchéng zhìjīn de chuántǒng wénhuà，gēwǔjì jiùshi qízhōng zhīyī.
日本有很多从江户时代传承至今的传统文化，歌舞伎就是其中之一。
日本には江戸時代から現代まで受け継がれている伝統文化がたくさんあり、歌舞伎はその一つだ。

3 ▶成熟　［動詞・形容詞］成熟する・考えや技術などが円熟した状態

Qiūtiān shì guǒshí chéngshú de jìjié.
秋天是果实成熟的季节。　秋は果実が成熟する季節だ。

Tā suīrán niánjì bú dà，dàn kànshàngqu hěn chéngshú.
她虽然年纪不大，但看上去很成熟。
彼女は若いが、とても大人っぽく見える。

Wǒ yǒu yí ge bú tài chéngshú de xiǎngfǎ，bùzhī dāng jiǎng bù dàng jiǎng.
我有一个不太成熟的想法，不知当讲不当讲。
未熟な考えがあるのですが、話していいでしょうか。

音声 43

3-4 宋明汉服

宋・明の漢服

まず、聴いてみましょう！

ヒント1

Sòngdài hànfú de shèjì hé pèisè de tèdiǎn shì shénme?

宋代汉服的设计和配色的特点是什么?

宋代の漢服のデザインと配色にはどんな特徴がありますか？

ヒント2

Míngdài nǚzhuāng liúxíng shénmeyàng de dāpèi?

明代女装流行什么样的搭配?

明代の女性用漢服は、どんなコーデが流行っていましたか？

ヒント3

“Fēiyúfú” xiàngzhēng zhe shénme?

“飞鱼服” 象征着什么?

「飛魚服」は何を象徴していますか？

単語

华贵雍容 huáguì yōngróng　上品でおっとりしていて美しい
沿袭 yánxí　踏襲する、継承する
趋向… qūxiàng　～の方向に傾く、～の方向に向かう
款式 kuǎnshì　デザイン、様式
象征 xiàngzhēng　象徴する、意味する
荣宠 róng chǒng　君主の寵愛、栄誉

音声 44

宋明汉服

不同于《Bùtóngyú》唐《Táng》的《de》华贵《huáguì》雍容《yōngróng》，宋《Sòng》以《yǐ》清瘦《qīngshòu》为《wéi》美《měi》，宋代《Sòngdài》汉服《hànfú》的《de》形制《xíngzhì》虽然《suīrán》沿袭了《yánxíle》前《qián》制《zhì》，但《dàn》设计《shèjì》和《hé》配色《pèisè》趋向《qūxiàng》淡雅《dànyǎ》、质朴《zhìpǔ》。宋代《Sòngdài》汉服《hànfú》中《zhōng》出现了《chūxiànle》许多《xǔduō》新《xīn》款式《kuǎnshì》，其中《qízhōng》，女子《nǚzǐ》爱《ài》穿《chuān》褙子《bèizi》，男子《nánzǐ》爱《ài》穿《chuān》圆领《yuánlǐng》襕衫《lánshān》。

明代《Míngdài》汉服《hànfú》女装《nǚzhuāng》流行《liúxíng》用《yòng》披风《pīfēng》、比甲《bǐjiǎ》搭配《dāpèi》长《cháng》衫袄《shānǎo》或《huò》马面裙《mǎmiànqún》。明代《Míngdài》汉服《hànfú》男装《nánzhuāng》以《yǐ》飞鱼服《Fēiyúfú》、麒麟服《Qílínfú》、斗牛服《Dòuniúfú》、蟒服《Mǎngfú》最《zuì》具《jù》代表性《dàibiǎoxìng》，这些《zhèxiē》都《dōu》是《shì》皇帝《huángdì》的《de》“赐服《cì fú》”，象征着《xiàngzhēngzhe》荣宠《róng chǒng》和《hé》身份《shēnfèn》。

宋・明の漢服

唐のふくよかな好みとは違い、宋は細身ですらっとしたものが美しいとされ、前代の漢服の形式を継承しつつ、デザインと配色が清楚で上品な方向に向かっていました。宋の漢服の中、服の新しいデザインが多く生まれ、その中で、女性は「褙子（両脇に深いスリットが入った羽織）」を、男性は丸い襟の「盤領襴衫」を好んで着用しました。

明代には女性の間で「披风（ケープ、マント）」や「比甲（ジレのような袖なしの長いベスト）」に「长衫袄（長袖の長い上着）」や「马面裙（城壁の「马面」のようなひだが両側についたスカート）」を合わせるのが流行しました。男性の場合は「飞鱼服」、「麒麟服」、「斗牛（闘牛）服」、「蟒（インドニシキヘビ）服」などが最も代表的な服装でしたが、これらはいずれも皇帝からの賜り物で、皇帝から目をかけられているという栄誉と身分を象徴するものでした。

音声45

学習ポイント

1 ▶不同于 A，B…　Aと違って、Bは～

Tā bùtóngyú qítā lǎoshī de yìdiǎn shì，tā géwài zhùzhòng fāyīn de xùnliàn.
他不同于其他老师的一点是，他格外注重发音的训练。
彼がほかの教師と違う点は、発音訓練に特に注意を払っていることだ。

Bùtóngyú yǐwǎng fěnmò chòng pào de nǎichá,
xiànzài hěn duō pǐnpái de nǎichá dōu shi yòng xiānnǎi hé cháyè xiànchǎng zhìzuò de.
不同于以往粉末冲泡的奶茶，
现在很多品牌的奶茶都是用鲜奶和茶叶现场制作的。
かつての粉末ミルクティーと違って、今では多くのブランドが新鮮なミルクと茶葉を使ってその場でミルクティーを作っている。

2 ▶以…为…　～を以て～とする

Tángdài yǐ pàng wéi měi.
唐代**以**胖**为**美。
唐の時代はぽっちゃりした容姿が美しいとされていた。

Tā shì yí ge yǐ sìhǎi wéi jiā de rén.
他是一个**以**四海**为**家的人。
彼は全世界を故郷とする男だ。（どこでも住める人だ。）

Wǒmen háishì yīnggāi yǐ dàjú wéi zhòng.
我们还是应该**以**大局**为**重。
我々はやはり全体の利益を優先的に考えるべきだ。

3 ▶趋向　［動詞・名詞］～の方向に向かう・傾向

Nǎinai de bìngqíng qūxiàng wěndìng.
奶奶的病情**趋向**稳定。
祖母の病状は安定してきた。

Gōngchǎng de guǎnlǐ tǐzhì zhèng búduàn qūxiàng wánshàn.
工厂的管理体制正不断**趋向**完善。
工場の管理体制はどんどん改善されていっている。

Wǒguó de fángdìchǎn jiàgé yǒu huíluò de qūxiàng.
我国的房地产价格有回落的**趋向**。　わが国の不動産価格は落ち着きつつある。

3-5 当代年轻人如何穿汉服

現代の若者はどのように漢服を楽しんでいる？

まず、聴いてみましょう！

ヒント1

Hànfú shì rúhé “chūquān” de?

汉服是如何“出圈”的?

漢服はどのようにバズりましたか？

ヒント2

Niánqīngrén chuàngzàochūle yì zhǒng shénmeyàng de hànfú?

年轻人创造出了一种什么样的汉服?

若者たちはどのような漢服を作り出しましたか？

ヒント3

Zhōngguó gèdì jǐngqū chūxiànle shénme hànfú xiāngguān de xiǎodiàn?

中国各地景区出现了什么汉服相关的小店?

中国各地の観光地周辺でどんな漢服の店が増えましたか？

単　語

出圈 chūquān　バズる
神韵 shényùn　気品、持ち味、風格、雰囲気、趣
穿着 chuānzhuó　身なり、ファッション、着こなし
景区 jǐngqū　観光地
配套 pèitào　セットの、付属の、付帯する
比比皆是 bǐbǐ jiē shì　いくらでもある、至るところにある、目白押し
婚纱照 hūnshāzhào　結婚写真、ウェディングフォト

音声 47

当代年轻人如何穿汉服

Zài Lǐ Zǐqī、Píkǎchén děng zhòngduō wǎnghóng de tuīdòng xià, hànfú
在李子柒、皮卡晨等众多网红的推动下，汉服
kāishǐ “chūquān”, biànde niánqīng、shíshàng。Hěn duō niánqīngrén kāishǐ
开始“**出圈**”，变得年轻、时尚。很多年轻人开始
dàdǎn de jiāng hànfú yuánsù hé dāngdài fúshì jiéhézài yìqǐ, chuàngzàochūle
大胆地将汉服元素和当代服饰结合在一起，创造出了
yì zhǒng jì bǎoliúle hànfú shényùn, yòu néng rìcháng chuānzhuó de fúhé dāngdài
一种既保留了汉服神韵，又能日常穿着的**符合**当代
shěnměi de xīnshì hànfú, cóng'ér shíxiànle duì chuántǒng fúshì de yòu yí cì
审美的新式汉服，从而实现了对传统服饰的又一次
géxīn.
革新。

Lìngwài, zài Zhōngguó gèdì yóuqí shì zài jǐngqū zhōubiān, chūzū hànfú
另外，在中国各地尤其是在景区周边，出租汉服
bìng tígōng pèitào de huàzhuāng fúwù de xiǎodiàn yě bǐbǐ jiē shì。Kèrenmen
并提供配套的化妆服务的小店也**比比皆是**。客人们
kěyǐ pāi xià zìjǐ de hànfú zhào huò chuānzhe hànfú de hūnshāzhào, zhè hé
可以拍下自己的汉服照或穿着汉服的婚纱照，这和
Rìběn de héfú tǐyàn pō yǒuxiē xiāngsì zhī chù.
日本的和服体验颇有些相似之处。

現代の若者はどのように漢服を楽しんでいる？

李子柒、皮卡晨などインフルエンサーの牽引によって、漢服が「バズり」出して、漢服は若くファッショナブルになりました。多くの若者が、漢服のエッセンスを現代ファッションに大胆に採り入れ、漢服の趣を残しつつも日常的に着用できる、いまの美的感覚にマッチしたニュースタイルの漢服を生み出し、伝統衣装に新たな革新を巻き起こしています。

また、今では中国各地、特に観光地周辺では、漢服のレンタルとそれに合わせたメイクを提供するショップも至るところにあります。観光客は漢服写真や漢服のウェディングフォトを撮ることができます。これは日本の着物体験と似ています。

音声48

学習ポイント

1 ▶ 出圏　［流行語］（動詞・名詞・形容詞の輪の外に出るという意から）人気が出る、人や物がファンの間だけでなく、世間でも注目されるようになったこと

Shāndōng Cáoxiàn shì yīnwèi hànfú hé diànshāng zhíbō chūquān de.
山东曹县是因为汉服和电商直播**出圈**的。
山東曹県は漢服とライブコマースのおかげで有名になった。

Zībó kǎochuàn de chūquān，ràng zhè zuò xiǎochéng yíxiàzi chéngle rèmén lǚyóudì.
淄博烤串的**出圈**，让这座小城一下子成了热门旅游地。
「淄博焼き串」がバズったことで、この小さな街が急に人気の観光地となった。

Zhè bù zuòpǐn shì tā zuì chūquān de dàibiǎozuò.
这部作品是她最**出圈**的代表作。　この作品は彼女の最も注目を浴びた代表作だ。

2 ▶ 符合　［動詞］～に合う、符合する

＊よく使う組み合わせ：符合标准、符合要求、符合条件、符合实际

Zhège wénjiàn bù fúhé yāoqiú，xūyào chóngxīn tíjiāo.
这个文件不**符合**要求，需要重新提交。
この書類はルールに合わないので再提出が必要だ。

Zuìjìn，zìrán de cū méi gèng fúhé rénmen de shěnměi.
最近，自然的粗眉更**符合**人们的审美。
最近、自然な太眉は人々の美意識により合っている。

Tā fúhé nǐ de zé'ǒu biāozhǔn ma?
他**符合**你的择偶标准吗？　彼はあなたの結婚相手の基準に合っていますか？

3 ▶ 比比皆是　［動詞］［成語］いくらでもある、至るところにある、目白押しだ

Wǒmen xuéxiào de hǎo xuésheng bǐbǐ jiē shì.
我们学校的好学生**比比皆是**。　私たちの学校は優等生だらけだ。

Yīn zāiqíng shīqù gōngzuò de rén bǐbǐ jiē shì.
因灾情失去工作的人**比比皆是**。
被災して仕事を失った人はたくさんいる。

Báishǒu-qǐjiā de gùshi zài jīntiān bǐbǐ jiē shì.
白手起家的故事在今天**比比皆是**。
裸一貫から身を起こしたサクセス・ストーリーは今の時代ではいっぱいある。

3-6 汉服的现代化

漢服の現代化

まず、聴いてみましょう！

ヒント1

Hànfú de pǔjí běnzhìshang yìwèizhe shénme?

汉服的普及本质上意味着什么?

漢服普及ムーブの本質は何を意味していますか？

ヒント2

Hànfú xiàndàihuà tǐxiànle Zhōngguórén de shénme xūqiú?

汉服现代化体现了中国人的什么需求?

漢服の現代化は中国人のどんな需要を表していますか？

ヒント3

Zhōngguó niánqīngrén rè'ài hànfú de gēnběn yuányīn shì?

中国年轻人热爱汉服的根本原因是?

中国の若者が漢服を愛する根本的な理由は何ですか？

単 語

不无关系 bùwú guānxì　多少は関係がある、関係がないわけではない

身份认同 shēnfèn rèntóng　アイデンティティ

恰好 qiàhǎo　ちょうど、うまいことに

心动 xīndòng　心が動く、気持ちをそそられる、刺さる

音声 50

汉服的现代化

Kějiàn, hànfú pǔjí yùndòng, běnzhìshang yě shì Zhōngguó fúshì
可见，汉服普及运动，本质上也是中国服饰
wénhuà de xiàndàihuà yùndòng. Zhè yí yùndòng zhīsuǒyǐ nénggòu xíngchéng guīmó,
文化的现代化运动。这一运动之所以能够形成规模，
hé dāngdài Zhōngguó wùzhì wénhuà de gāodù fāzhǎn bùwú guānxì. Suízhe
和当代中国物质文化的高度发展不无关系。随着
Zhōngguó jīngjì de fāzhǎn, yuèláiyuèduō de Zhōngguórén yǒule jīběn xūqiú
中国经济的发展，越来越多的中国人有了基本需求
zhīwài de xiāofèi xūqiú hé xiāofèi nénglì, yě chǎnshēngle duì zìwǒ shēnfèn
之外的消费需求和消费能力，也产生了对自我身份
rèntóng de sùqiú. Ér tǐxiànle mínzú wénhuà chuántǒng de hànfú jiù qiàhǎo
认同的诉求。而体现了民族文化传统的汉服就**恰好**
mǎnzúle zhèixiē xūqiú. Tā jì chuántǒng yòu xiàndài, jì huáměi yòu dútè,
满足了这些需求。它既传统又现代，既华美又独特，
rènhé yí ge yǒu àiměi zhī xīn de rén dōu huì duì zhī yǒusuǒ xīndòng. Zhè
任何一个有爱美之心的人都会对之有所**心动**。这
yěxǔ jiùshì dàliàng Zhōngguó niánqīngrén chéngwéi hànfú zhuīsuízhě de gēnběn
也许就是大量中国年轻人成为汉服追随者的根本
yuányīn suǒzài. Dàjiā qù Zhōngguó shí, yǒu jīhuì yě tǐyàn yì bǎ chuān
原因所在。大家去中国时，有机会也体验一**把**穿
hànfú de gǎnjué ba!
汉服的感觉吧！

漢服の現代化

　これらのことから分かるように、漢服普及ムーブの本質は、中国服飾文化の現代化でもあります。このムーブメントがある程度の規模になったのは、現代中国で物質文化が高度に発展したことと無関係ではありません。中国が経済発展を遂げるにつれ、生活に必要な最低限の需要を上回る消費ニーズや購買力を持つ中国人が増えてくると同時に、自身のアイデンティに対する意識も高まっていきました。民族の伝統文化の現れである漢服は、こうした欲求にちょうどはまる存在だったのです。伝統的でいて現代的、華美でいて独特な漢服に、美を愛する全ての人は心を動かされるでしょう。大勢の中国の若者が漢服愛好家になった根本的理由はおそらくそこにあります。皆さんも、中国に行く機会があれば、ぜひ一度漢服を着てみてください。

音声 51

学習ポイント

1 ▶恰好　［副詞］ちょうどよく、タイミングよく，都合よく

＊同義語の“正好”と置き換え可能だが、微妙にニュアンスが違う。“ 正好 ”は「ぴったり」感を強調し、“恰好”は「気持ちよく程よい」感がある。

Jīnnián qíngrénjié qiàhǎo shì wǒde shēngrì.
今年情人节**恰好**是我的生日。
今年のバレンタインデーは偶然にも私の誕生日なんだ。（旧暦の誕生日は毎年違うため）

Nǐ zài zhǎo rén péi nǐ chūqù wánr，ér wǒ qiàhǎo yǒukòng.
你在找人陪你出去玩儿，而我**恰好**有空。
付き合ってくれる人を探してる？　僕はちょうど時間あるよ。

Zuótiān qù chāoshì qiàhǎo gǎnshang niúròu dǎzhé，suǒyǐ wǒ mǎile hěn duō.
昨天去超市**恰好**赶上牛肉打折，所以我买了很多。
昨日スーパーに行ったら、ちょうど牛肉がセールだったので、たくさん買った。

2 ▶心动　［動詞］心が動く、気持ちをそそられる、刺さる

Bèi zhème kě'ài de nǚháir gàobái，shéi huì bù xīndòng ne?
被这么可爱的女孩儿告白，谁会不**心动**呢？
こんな可愛い女の子から告白されて、その気にならないやつなんているか？

Tā yīngjùn de wàibiǎo，lìng wúshù guānzhòng wéizhī xīndòng.
他英俊的外表，令无数观众为之**心动**。
彼の端正な顔に、無数の視聴者が心ときめかせている。

Zhège gōngzuò dàiyù，ràng rén shífēn xīndòng.
这个工作待遇，让人十分**心动**。　この福利厚生はとても魅力的だ。

3 ▶動詞＋一把　一回～をする

Zhēn xiǎng tǐyàn yì bǎ bèngjí a!
真想体验**一把**蹦极啊！　バンジージャンプを本当に一度体験してみたい！

Hái zài dǎ májiàng ā?　— Zuìhòu yì bǎ! Wánr wán zhèibǎ wǒ jiù bù wánr le!
还在打麻将啊？　——最后**一把**！　玩儿完这把我就不玩儿了！
まだ麻雀やってるの？──最後の一回です！　これで終わり！

Dōngxi yào dǎo le，nǐ kuài bāng wǒ yì bǎ.
东西要倒了，你快帮我**一把**。　物が倒れそうだ、早く手を貸してくれ。

第4課

中国手游为什么在日本受欢迎？

日本で中国のスマホゲームが
人気になったわけとは？

4-1
中国手游在日本的接受度
中国のスマホゲームの日本における人気度

4-2
游戏《荒野行动》的特点
ゲーム「荒野行動」の特徴

4-3
《荒野行动》为何受欢迎
「荒野行動」が人気の理由

4-4
《放置少女：百花缭乱的萌姬物语》
「放置少女～百花繚乱の萌姫たち～」

4-5
《原神》中的神奇世界
「原神」の不思議な世界

4-6
《原神》的画面风格
「原神」の画面スタイル

4-7
《原神》的商业成功与中国游戏的成长
「原神」のビジネスにおける成功と中国ゲームの成長

4-1 中国手游在日本的接受度

中国のスマホゲームの日本における人気度

まず、聴いてみましょう！

ヒント1

Rìběn zuì chàngxiāo de yóuxì zhōng nǎxiē láizì Zhōngguó?

日本最畅销的游戏中哪些来自中国?

日本でもっとも売れるゲームのうち、中国製のものは？

ヒント2

《Yuánshén》 shì nǎ ge gōngsī chūpǐn de?

《原神》是哪个公司出品的?

「原神」はどの会社が開発しましたか？

ヒント3

Zìjié tiàodòng qíxià de zhùmíng yóuxì shì?

字节跳动旗下的著名游戏是?

バイトダンス傘下の会社が開発した有名なゲームは？

単語

本土 běntǔ　本国、本土

崭露头角 zhǎnlù-tóujiǎo　頭角を現す

心头好 xīntóuhào　お気に入り、好みの品

畅销 chàngxiāo　売れ筋、ベストセラー

排行榜 páihángbǎng　ランキング

旗下 qíxià　傘下の、グループの

音声 53

中国手游在日本的接受度

日本是游戏大国《Rìběn shì yóuxì dàguó,》，在日本《zài Rìběn,》，受欢迎的游戏**以**《shòu huānyíng de yóuxì yǐ》本土游戏**居多**《běntǔ yóuxì jūduō.》。不过近年来《Búguò jìnniánlái,》，**越**来**越**多的中国游戏《yuèláiyuè duō de Zhōngguó yóuxì》逐渐崭露头角《zhújiàn zhǎnlù-tóujiǎo,》，成为日本游戏玩家的心头好《chéngwéi Rìběn yóuxì wánjiā de xīntóuhào.》。

市场调查显示《Shìchǎng diàochá xiǎnshì》（Sensor Tower），2021 年日本《nián Rìběn》最畅销的《zuì chàngxiāo de》 100 款手游的排行榜中《kuǎn shǒuyóu de páihángbǎng zhōng》，有《yǒu》 22 款来自《kuǎn láizì》中国《Zhōngguó》。2022 年《nián》，这一数字增加至《zhè yí shùzì zēngjiā zhì》 35 款《kuǎn》，其中《Qízhōng》，**格外**《géwài》有名的《yǒumíng de》 3 款游戏是《kuǎn yóuxì shì》：网易的《Wǎngyì de》《荒野行动《Huāngyě xíngdòng》》（Knives Out）、米哈游的《Mǐhāyóu de》《原神《Yuánshén》》（Genshin Impact）和《hé》字节跳动旗下《zìjié tiàodòng qíxià》（有爱互娱《Yǒu ài hù yú》）的《de》《放置少女《Fàngzhì shàonǚ》》（Houchi Shoujo）。下面《Xiàmian》，就让我们一起来看看这些游戏为《jiùràng wǒmen yìqǐ lái kànkan zhèixiē yóuxì wèi》什么会在日本如此受欢迎吧《shénme huì zài Rìběn rúcǐ shòu huānyíng ba.》。

中国のスマホゲームの日本における人気度

日本はゲーム大国で、日本で人気のゲームは自国のゲームが多いです。それが近年、中国製のゲームが徐々に頭角を現し、日本のプレイヤーの心をつかんでいます。

市場調査（米のモバイルアプリ調査会社Sensor Tower）によると、2021年に日本で最も人気だったスマホゲームランキングTOP100のうち、中国製が22本を占め、さらに2022年は35本に増加しました。そのなかでも特に有名な3本は、網易（ネットイース、ワンイー）の「荒野行動」（Knives Out）、miHoYo（ミホヨ、米哈游）の「原神」（Genshin Impact）、そして字節跳動（バイトダンス）傘下のC4 Connect「放置少女」（Houchi Shoujo）です。なぜこれらのゲームは日本でこれほど受け入れられているのでしょうか。今回はこの話題について一緒に掘り下げていきましょう。

音声 54

学習ポイント

1 ▶以…居多　~のほうが多い・メインになる

Wǒmen xuéxiào wàiyǔ zhuānyè de xuésheng yǐ nǚshēng jūduō.
我们学校外语专业的学生**以**女生**居多**。
私たちの学校では、外国語専攻の学生は女の子のほうが多い。

Lái zhèli de kèrén yǐ dāngdìrén jūduō.
来这里的客人**以**当地人**居多**。
ここに来るお客さんのほとんどは地元の人だ。

Rìběn yǐnjìn de Zhōngguó yǐngshìjù yǐ gǔzhuāngpiàn jūduō.
日本引进的中国影视剧**以**古装片**居多**。
日本に輸入される中国映画やテレビドラマは、時代ものが多数を占めている。

2 ▶越…越…　~すればするほど~、ますます（変化・すう勢を描写する表現）

Wǒjiā de háizi yuè pīpíng yuè bù tīnghuà.
我家的孩子**越**批评**越**不听话。
我が子は叱るほど言うことを聞かなくなる。

Tā hé tā bàba yuèláiyuè xiàng le. (= Tā yuè zhǎng yuè xiàng bàba le.)
他和他爸爸**越**来**越**像了。［＝他越长越像爸爸了。］
彼はますます父親に似てきている。［成長すればするほど、父親に似てくる。］）

Zhè jiàn shìr wǒ yuè xiǎng yuè juéde bú duìjìnr.
这件事儿我**越**想**越**觉得不对劲儿。
この件について考えれば考えるほど、おかしいと思えてくる。

3 ▶格外　［副詞］　特に、格別に

Jīnnián de dōngtiān géwài nuǎnhuo.
今年的冬天**格外**暖和。　今年の冬は（以前と比べて）特に暖かい。

Tā géwài zhòngshì háizi de jiàoyù.
他**格外**重视孩子的教育。　彼は特に子供の教育を重視している。

Xuéfēn hé wàiyǔ chéngjì zài shēnqǐng liúxué shí géwài zhòngyào.
学分和外语成绩在申请留学时**格外**重要。
単位と外国語の成績は留学を志願する際に特に重要だ。

音声55

4-2 游戏《荒野行动》的特点
ゲーム「荒野行動」の特徴

まず、聴いてみましょう！

ヒント1

《Huāngyě xíngdòng》 shì yí ge shénme lèixíng de yóuxì?

《荒野行动》是一个什么类型的游戏？

「荒野行動」はどういうタイプのゲームですか？

ヒント2

Wánjiā zài yóuxì zhōng yào zuò nǎxiē shìqing?

玩家在游戏中要做哪些事情？

プレイヤーはゲーム中どんなことをしますか？

ヒント3

《Huāngyě xíngdòng》 de zǒuhóng déyì yú shénme?

《荒野行动》的走红得益于什么？

「荒野行動」の人気は何によるものですか？

単語

上线 shàngxiàn　公開される、利用開始
扮演 bànyǎn　演じる
稀缺 xīquē　欠ける、不足している、少ない
得益于 déyì yú　～のおかげである
营销 yíngxiāo　マーケティング

音声 56

游戏《荒野行动》的特点

《Huāngyě xíngdòng》shì 2017 nián shàngxiàn de shèjī lèi shǒuyóu,
《荒野行动》是 2017 年上线的射击类手游，
wánjiā yào zài yóuxì zhōng bànyǎn yì míng jūnrén, cānjiā jūnshì yǎnxí, zài
玩家要在游戏中**扮演**一名军人，参加军事演习，在
yǎnxí de guòchéng zhōng zhújiàn jībài huò duǒbì dírén, huòdé wùzī、wǔqì、
演习的过程中逐渐击败或躲避敌人，获得物资、武器、
jiāotōng gōngjù děng jiǎnglì, bìng cúnhuó dào zuìhòu.
交通工具等奖励，并存活到最后。

Yóuxì shàngxiàn chūqī, zài méiyǒu rìwénbǎn de qíngkuàng xià, jiù
游戏上线初期，在没有日文版的情况下，**就**
shōuhuòle bùshǎo Rìběn wánjiā de xǐ'ài, zhè bùjǐn déyì yú tónglèi chǎnpǐn
收获了不少日本玩家的喜爱，这不仅得益于同类产品
de xīquē, yě déyì yú miǎnfèi què gāo zhìliàng de yóuxì tǐyàn、jiào qiáng
的稀缺，**也得益于**免费却高质量的游戏体验、较强
de shèjiāoxìng hé liánghǎo de yíngxiāo shǒuduàn děng yīnsù.
的社交性和良好的营销手段等因素。

ゲーム「荒野行動」の特徴

「荒野行動」は2017年にリリースされたスマホ向けバトルロイヤル系シューティングゲームです。プレイヤーはゲームの中で軍人になって演習に参加し、攻撃を避けたり反撃したりしながら、支援物資、武器、交通手段などのアイテムを獲得し、最後の1人として生き残るべく戦いを繰り広げます。

リリース当初は、日本語版がなかったにもかかわらず、日本のプレイヤーの間で人気を博しました。その理由としては、類似のゲームが少なかったことや、無料なのにクオリティの高いゲーム体験、ソーシャルコミュニティ的要素、優秀なマーケティング手段といった要因が挙げられます。

音声57

学習ポイント

1 ▶ 扮演　［動詞］役を演じる

Tā zài zhè bù diànyǐng zhōng bànyǎn yì míng jǐngchá.
他在这部电影中**扮演**一名警察。
彼はこの映画では警察官を演じた。

Tā bànyǎn de Huò yuánjiǎ lìngrén yìnxiàng shēnkè.
他**扮演**的霍元甲令人印象深刻。
彼が演じる霍元甲役が印象的だ。

Shēnghuó zhōng, wǒmen huì bànyǎn gèzhǒng juésè, huòshi háizi、xiàshǔ, huòshi fùmǔ、lǐngdǎo.
生活中，我们会**扮演**各种角色，或是孩子、下属，或是父母、领导。
人生では、我々はさまざまな役を演じることになる。ときには子供や部下、ときには親やリーダー。

2 ▶ 就　［副詞］ 早い段階ですでに～

Wǒ zǎojiù gēn nǐ shuō guò, yào kāi fāpiào.
我早**就**跟你说过，要开发票。　とっくに言ったでしょ？　領収書もらえって。

Tā 5 suì qǐ jiù kāishǐ xué tán gāngqín le.
他 5 岁起**就**开始学弹钢琴了。　彼は 5 歳からピアノを習っている。

Zhège pǐnpái zì shàng shìjì 50 niándài qǐ jiù yǐjīng shìjiè wénmíng le.
这个品牌自上世纪 50 年代起**就**已经世界闻名了。
このブランドは 1950 年代からすでに世界的に有名になっている。

3 ▶ 得益于　～のおかげである

Wǒmen xuéxiào shēngxué lǜ de tígāo, déyì yú jiàoyù tóuzī de jīlì zuòyòng.
我们学校升学率的提高，**得益于**教育投资的激励作用。
わが校の進学率の向上は、教育投資による後押しのおかげだ。

Déyì yú niánqīng xuǎnshǒu de chūsè biǎoxiàn, zhècì bǐsài tèbié jīngcǎi.
得益于年轻选手的出色表现，这次比赛特别精彩。
若手選手の素晴らしい活躍のおかげで、今回の試合は大変見応えがあった。

Déyì yú zhè jiā gōngsī de dìngdān, wǒmen gōngsī jīnnián de jìnglìrùn zēngjiāle bǎifēnzhī shí.
得益于这家公司的订单，我们公司今年的净利润增加了百分之十。
この会社の注文のおかげで、弊社の今年の純利益は 10%増えた。

音声58

4-3 《荒野行动》为何受欢迎

「荒野行動」が人気の理由

まず、聴いてみましょう！

ヒント1

《Huāngyě xíngdòng》 shì rúhé mǎnzú wánjiā de shèjiāo xūqiú de?

《荒野行动》是如何满足玩家的社交需求的?

「荒野行动」はどのようにプレイヤーの社交的なニーズを満たしてくれたのでしょうか？

ヒント2

Zhè kuǎn yóuxì zǎoqī shòudào guānzhù de qìjī shì shénme?

这款游戏早期受到关注的契机是什么?

このゲームが最初に注目されたきっかけは？

ヒント3

Nǎxiē dòngmàn céng hé 《Huāngyě xíngdòng》 hézuòguò?

哪些动漫曾和《荒野行动》合作过?

「荒野行動」とコラボしたことのあるアニメ・漫画作品は？

単　語

组队 zǔ duì　チームを組む
无意间 wúyì jiān　知らずしらずのうちに、知らぬ間に
推广 tuīguǎng　プロモーション、PR、販売促進
油管博主 yóuguǎn bózhǔ　ユーチューバー
联动 liándòng　コラボレーション、コラボ
拓展 tuòzhǎn　広げる、拡大する
无疑 wúyí　間違いなく、きっと

音声 59

《荒野行动》为何受欢迎

Zài《Huāngyě xíngdòng》zhōng, yóuxì wánjiā zhījiān kěyǐ hùxiāng jiāoliú、
在《荒野行动》中，游戏玩家之间可以互相交流、
zǔ duì wánchéng rènwu, zhè wúyì jiān mǎnzúle wánjiā yǔ mòshēng wánjiā
组队完成任务，这**无意间满足**了玩家与陌生玩家
shènzhì yìxìng wánjiā zhījiān de shèjiāo xūqiú, yǒuxiē wánjiā hái jiāodàole
甚至异性玩家之间的社交**需求**，有些玩家还交到了
“Huāngyě liànrén”.
“荒野恋人”。

Lìngwài, zài tuīguǎng yíngxiāo fāngmiàn, zhè kuǎn yóuxì zǎoqī shòudào
另外，在推广营销方面，这款游戏早期受到
guānzhù dàduō shì yīnwèi yìxiē yóuguǎn bózhǔ fābùle yǒuqù de yóuxì
关注大多是因为一些油管博主发布了有趣的游戏
shìpín. Cǐwài, 《Huāngyě xíngdòng》hái jījí tōngguò yǔ qítā Rìběn
视频。此外，《荒野行动》还积极通过与其他日本
dòngmàn liándòng de fāngshì tuòzhǎn yònghù,《Jìnjī de jùrén》 《Yín hún》
动漫联动的方式拓展用户，《进击的巨人》《银魂》
《Zhòushù huí zhàn》děng dòngmàn dōu yǔ《Huāngyě xíngdòng》qiānguoshǒu, zhèxiē
《咒术回战》等动漫都与《荒野行动》牵过手，这些
wúyí dōu shì《Huāngyě xíngdòng》zài Rìběn shǒuyóu páihángbǎng shàng chángqī
无疑都是《荒野行动》在日本手游排行榜上长期
wèijū qiánliè de yuányīn suǒzài.
位居前列的原因所在。

「荒野行動」が人気の理由

ゲームでは見知らぬ人とチームを組んでミッションを遂行することができ、知らずしらずのうちにほかのプレイヤー、特に異性のプレイヤーとのコミュニケーションニーズも満たしています。中には「荒野の恋人」をゲットした人もいます。

また、このゲームはプロモーションの面で早くから注目を集めていました。その多くはユーチューバーが実況動画をアップするというものでした。さらに「荒野行動」は、「進撃の巨人」「銀魂」「呪術廻戦」といった日本のアニメ・漫画作品とコラボする方法で、ユーザーを拡大しています。これらは間違いなく「荒野行動」が日本のスマホゲームランキングで長期にわたり上位に君臨し続けている理由でしょう。

音声 60

学習ポイント

1 ▶无意间　思わずに、偶然

Wǒ wúyí jiān fāxiànle yí ge shìhé yuēhuì de hǎo qùchù.
我无意间发现了一个适合约会的好去处。 偶然、デートに最適な場所を見つけた。

Tā wúyí jiān de yí ge dòngzuò, què chéngle zhè bù diànyǐng zuì jīngdiǎn de yí mù.
他无意间的一个动作，却成了这部电影最经典的一幕。
彼のさりげない動作は意外なことに、この映画を象徴するシーンとなった。

＊“无意”は「意欲がない、そのつもりはない」の意味。

Tā wúyì chū fēngtou, dàn shíshì zào yīngxióng.
他无意出风头，但时势造英雄。
彼は目立とうとしたわけではないが、時勢が彼を英雄にした。

2 ▶满足…需求　~ニーズを満たす

Biànlì de wàimài fúwù, jìn yí bù mǎnzúle rénmen duì měishí duōyuánhuà de xūqiú.
便利的外卖服务，进一步满足了人们对美食多元化的需求。
便利なデリバリーサービスは、食の多様化に対する人々の需要をさらに満たしてくれた。

Duǎn shìpín mǎnzúle rénmen fēnxiǎng shēnghuó、liǎojiě shìjiè de xūqiú.
短视频满足了人们分享生活、了解世界的需求。
ショート動画は、日常を共有し、世界を知りたいという人々のニーズを満たしている。

Zhè kuǎn māoliáng mǎnzúbùliǎo yòu māo de yíngyǎng xūqiú.
这款猫粮满足不了幼猫的营养需求。
このキャットフードは子猫の成長に必要な栄養を満たしていない。

3 ▶无疑　［副詞］間違いなく。“毫无疑问”の略

“Xǐhuan” wúyí jiùshi zuìhǎo de lǎoshī.
“喜欢”无疑就是最好的老师。 「好き」こそ最高の教師だ。（好きこそものの上手なれ）

Lǐ Xiǎolóng wúyí shì bǎ Zhōngguó gōngfu tuīguǎng dào shìjiè de dà gōngchén.
李小龙无疑是把中国功夫推广到世界的大功臣。
ブルース・リーは間違いなく、中国カンフーを世界に広めた最も重要な人物だ。

Chúle jiéchū de gōngzuò nénglì, réngé mèilì wúyí yě shì tā shòu xǐ'ài de zhòngyào lǐyóu.
除了杰出的工作能力，人格魅力无疑也是她受喜爱的重要理由。
仕事上卓越した能力の他に、カリスマ性も彼女が愛される重要な理由であることは間違いない。

音声 61

4-4 《放置少女：百花缭乱的萌姬物语》
「放置少女～百花繚乱の萌姫たち～」

まず、聴いてみましょう！

ヒント1

《Fàngzhì shàonǚ》zhōng de shàonǚ，yuánxíng shì shénme?

《放置少女》中的少女，原型是什么?

「放置少女」に登場する少女のキャラクターの原型は？

ヒント2

Wánjiā xūyào zuò shénme?

玩家需要做什么?

どのようにゲームを遊ぶのですか？

ヒント3

Zhè kuǎn yóuxì de mèilì shì shénme?

这款游戏的魅力是什么?

このゲームの魅力は何でしょうか？

単語

隔 gé （時間・距離を）置く、空ける、隔てる
点按 diǎn àn （ボタンを）押す、クリックする
按键 ànjiàn 押しボタン
决策 juécè 決める、意思決定
即可 jí kě ～すればよい、～するだけでよい
成就感 chéngjiù gǎn 達成感

音声 62

《放置少女：百花缭乱的萌姬物语》

《Fàngzhì shàonǚ》 shì fābù yú 2017 nián 3 yuè de fàngzhì lèi
《放置少女》是发布于 2017 年 3 月的放置类
shǒujī yóuxì. Yóuxì zhōng, Zhōngguó Sānguó shíqī hé Rìběn Zhànguó shíqī
手机游戏。游戏中，中国三国时期和日本战国时期
de wǔjiàng yǐ shàonǚ de xíngxiàng chūxiàn, wánjiā xūyào xuǎnzé jǐge juésè
的武将以少女的形象出现，玩家需要选择几个角色
zuòwéi zìjǐ de zhǔjiàng、fùjiàng, bìng zài búduàn zhàndòu de guòchéng zhōng tíshēng
作为自己的主将、副将，并在不断战斗的过程中提升
juésè shílì. Fàngzhì lèi yóuxì de tèdiǎn shì bùxūyào zuò fùzá de
角色实力。放置类游戏的特点是不需要做复杂的
cāozuò, zhǐyào gé yí duàn shíjiān, gēnjù tíshì, diǎn àn píngmù shang de
操作，只要隔一段时间，根据提示，点按屏幕上的
ànjiàn, duì yóuxì juésè de xíngwéi jìnxíng juécè jí kě. Jiǎndān qīngsōng de
按键，对游戏角色的行为进行决策即可。简单轻松的
yóuxì fāngshì、 kě'ài de rì xì mànhuà shàonǚ xíngxiàng、yǎngchéng lèi yóuxì
游戏方式、可爱的日系漫画少女形象、养成类游戏
de chéngjiù gǎn děng dōu shi zhè kuǎn yóuxì de mèilì suǒzài.
的成就感等都是这款游戏的魅力所在。

「放置少女～百花繚乱の萌姫たち～」

「放置少女」は 2017 年 3 月にリリースされた放置系スマホゲームです。中国の三国時代と日本の戦国時代の武将が少女の姿で登場します。プレイヤーはその中から主将、副将を選び、戦いを重ねながらキャラクターをレベルアップさせます。放置系ゲームの特徴は複雑な操作を必要としないところで、一定の時間を空ければ、指示に従って画面上のボタンを押し、次の行動を決めるだけでよいのです。簡単で気楽な操作、かわいい日本漫画風の女の子、育成系ゲームの達成感などがこのゲームの魅力です。

音声63

学習ポイント

1 ▶隔　[動詞]（時間、空間を）空ける、隔てる

Wǒjiā hé shāngchǎng zhǐ géle yì tiáo jiē.
我家和商场只**隔**了一条街。
自分の家はデパートまで道路1本しか隔てない距離だ。

Wǒ géle liǎng nián，cái huíle yí cì lǎojiā.
我**隔**了两年，才回了一次老家。
私は2年ぶりにやっと実家に帰省した。

Dǎwán yìmiáo dì-yī zhēn，yào gé yí ge yuè zài dǎ dì-èr zhēn.
打完疫苗第一针，要**隔**一个月再打第二针。
1回目のワクチン接種を終えたら、1カ月空けて2回目を接種しなければならない。

2 ▶対…进行＋動詞　～に～を行う

Jiāotōng bùmén yào duì chēliàng jìnxíng chōujiǎn.
交通部门要**对**车辆**进行**抽检。
運輸部門は車両をランダムに検査する予定だ。

Gōngsī huì duì yuángōng jìnxíng yèjì kǎohé.
公司会**对**员工**进行**业绩考核。
会社は従業員の業績考課を行う予定だ。

Wǒmen yào duì shēnqǐngrén jìnxíng jiǎndān de miànshì.
我们要**对**申请人**进行**简单的面试。
我々は申請者と簡単な面接をするつもりだ。

3 ▶…即可　～さえすればいい、～すれば完成

＊“～即可”は“～就可以”と同じ意味で、よりフォーマルな表現。

Yòng táng、cù、jiàngyóu jiǎndān bàn yíxià jí kě.
用糖、醋、酱油简单拌一下**即可**。 砂糖、お酢、醤油で簡単に和えるだけで完成。

Zuìhòu，sǎshang zhīma jí kě chū guō.
最后，撒上芝麻**即可**出锅。 最後にゴマを振って、出来上がり。

Yòng shēnfènzhèng jí kě bànlǐ rùzhù.
用身份证**即可**办理入住。 身分証でチェックインできます。

4-5 《原神》中的神奇世界

「原神」の不思議な世界

まず、聴いてみましょう！

ヒント1

《Yuánshén》shì yì kuǎn shénmeyàng de yóuxì?

《原神》是一款什么样的游戏?

「原神」はどんなゲームですか？

ヒント2

《Yuánshén》zhōng yǒu nǎ qī zhǒng yuánsù lìliang?

《原神》中有哪七种元素力量?

「原神」の中にある７つの元素とは？

ヒント3

Wánjiā zài shénme qíngkuàng xià huì chōngzhí?

玩家在什么情况下会充值?

プレイヤーはどんな状況で課金するのですか？

単　語

奇幻冒险 qíhuàn màoxiǎn　ファンタジーアドベンチャー
虚拟世界 xūnǐ shìjiè　幻想世界、バーチャルの世界
对应 duìyìng　対応する
渐次 jiàncì　漸次、少しずつ、だんだん
阻拦 zǔlán　止める、阻止する、遮る
被迫 bèipò　やむを得ず～する、～を余儀なくされる
结伴 jiébàn　一緒に行く、連れ立つ、仲間になる
至于 zhìyú　～に至っては、～については
碰运气 pèng yùnqi　運次第、運試し
充值 chōngzhí　課金する、チャージする
抽中 chōuzhòng　当たる、当選する

音声 65

《原神》中的神奇世界

《Yuánshén》shì 2020 nián 9 yuè shàngxiàn de qíhuàn màoxiǎn lèi yóuxì.
《原神》是 2020 年 9 月上线的奇幻冒险类游戏。
Yóuxì yǐ xūnǐ shìjiè “Tíwǎtè” wéi wǔtái, zhèli cúnzàizhe fēng、
游戏以虚拟世界“提瓦特”为舞台，这里存在着风、
yán、léi、cǎo、shuǐ、huǒ、bīng děng qī zhǒng yuánsù lìliang, háiyǒu yǔ
岩、雷、草、水、火、冰等七种元素力量，还有与
zhè qī zhǒng yuánsù xiāngduìyìng de qī gè guójiā：Méngdé、Líyuè、Dàoqī、
这七种元素相对应的七个国家：蒙德、璃月、稻妻、
Xūmí、Fēngdān、Nàtǎ、Zhìdōng. Yóuxì zài búduàn gēngxīn bǎnběn de
须弥、枫丹、纳塔、至冬。游戏在不断更新版本的
guòchéng zhōng, jiàncì kāifàng zhèxiē guójiā de dìtú, ràng wánjiā hé yóuxì
过程中，渐次开放这些国家的地图，让玩家和游戏
zhōng de juésè yìqǐ zǒubiàn qī guó, wánchéng rènwu.
中的角色一起走遍七国，完成任务。

Yóuxì de zhǔjué shì yí duì xiōngmèi, tāmen zāodào shénmíng zǔlán,
游戏的主角是一对兄妹，他们遭到神明阻拦，
bèipò fēnlí, wánjiā xūyào xuǎnzé bànyǎn gēge huò mèimei, ránhòu zài
被迫分离，玩家需要选择扮演哥哥或妹妹，然后在
yóulì Tíwǎtè de guòchéng zhōng xúnzhǎo duìfāng. Qījiān, wánjiā hái huì
游历提瓦特的过程中寻找对方。期间，玩家还会
yùdào qítā yóuxì juésè, yǔ zhī jiébàn ér xíng. Zhìyú huì yùdào shéi,
遇到其他游戏角色，与之结伴而行。至于会遇到谁，
jiùyào tōngguò chōu kǎ de fāngshì pèng yùnqi le, yìxiē wánjiā huì wèile huòdé
就要通过抽卡的方式碰运气了，一些玩家会为了获得
mǒu ge rénqì juésè ér chōngzhí, zēngjiā chōuzhòng de jīlǜ.
某个人气角色而充值，增加抽中的几率。

「原神」の不思議な世界

「原神」は2020年9月にリリースされたファンタジーアドベンチャーゲームです。ゲームは幻想世界「テイワット」が舞台で、風、岩、雷、草、水、炎、氷の7種類の元素と、これら7元素に対応する7つの国、モンド、リーユエ(璃月)、稲妻、スメール、フォンテーヌ、ナタ、スネージナヤが存在しています。ゲームがアップデートされるたび、段階的にこれらの国の地図が開放される仕組みで、プレイヤーはキャラクターと共に7つの国をめぐり任務を達成します。

ゲームの主人公は、神の妨害に遭い、離れ離れにされてしまった双子の兄妹です。プレイヤーは兄妹のどちらかを選んで操作し、テイワットをめぐりながら離れ離れになった片割れを探します。プレイヤーは道中、ほかのキャラクターに出会い、仲間になって共に旅を続けます。どんな仲間に出会えるかは引くカードの運次第です。ある人気キャラクターを狙い、引き当てる確率を上げるため、課金するプレイヤーもいます。

音声 66

学習ポイント

1 ▶ 以…为舞台　～を舞台とする、～が舞台である

《Guǐ miè zhī rèn》yǐ dàzhèng shíqī de Rìběn wéi wǔtái.
《鬼灭之刃》以大正时期的日本**为舞台**。
『鬼滅の刃』は大正時代の日本を舞台としている。

Zhè shì yí bù yǐ zhōngshìjì Ōuzhōu wéi lìshǐ wǔtái de xuányípiàn.
这是一部**以**中世纪欧洲**为**历史**舞台**的悬疑片。
これは中世のヨーロッパを舞台とする歴史サスペンスドラマだ。

Zhè bù yǐ 80 niándài Zhōngguó wéi lìshǐ wǔtái de diànyǐng fēicháng gǎnrén.
这部**以** 80 年代中国**为**历史**舞台**的电影非常感人。
80 年代の中国を舞台とするこの映画はとても感動的だ。

2 ▶ 遭（到）［動詞］～（ひどい目）に遭う

Wǒmen měi ge rén dōu kěnéng zāodào wǎngbào.
我们每个人都可能**遭到**网暴。
私たち誰もがサイバー暴力（ネットの誹謗中傷）を受ける可能性がある。

Wǒ yīnwèi zhè jiàn shì zāodàole gùkè de tóusù.
我因为这件事**遭到**了顾客的投诉。
この件のせいで、私は顧客からクレームを言われた。

Zhè pī wénwù zài wājué guòchéng zhōng zāodào pòhuài.
这批文物在挖掘过程中**遭到**破坏。
これらの出土品は発掘中に破損した（ダメージを受けた）。

3 ▶ 被迫…　～を迫られる、やむを得ず～する、～を余儀なくされる

Lǎolǐ jīngcháng bèipò jiābān.
老李经常**被迫**加班。　李さんはいつも残業させられている。

Tā cízhí bú shì bèipò de.
他辞职不是**被迫**的。
彼が会社を辞めたのは辞めさせられたわけではない。

Zhèige yǎnyuán bèipò tuìchūle Yúlèquān.
这个演员**被迫**退出了娱乐圈。
その俳優は芸能界から引退を余儀なくされた。

音声 67

4-6 《原神》的画面风格

「原神」の画面スタイル

まず、聴いてみましょう！

ヒント1

《Yuánshén》de huàmiàn fēnggé de tèdiǎn shì?

《原神》的画面风格的特点是?

「原神」の画面はどんな特徴がありますか？

ヒント2

《Yuánshén》yóuxì dìtú mùqián (2024 nián) kāifàngle jǐge xūnǐ dìqū?

《原神》游戏地图目前(2024 年)开放了几个虚拟地区?

「原神」が 2024 年現在開放したゲームエリアの数は？

ヒント3

Yǐ Jiānghù shídài de Rìběn wéi yuánxíng de xūnǐ dìqū jiào shénme?

以江户时代的日本为原型的虚拟地区叫什么?

江戸時代の日本を原型として作った地域の名前は？

単語

精致 jīngzhì　精緻な、手の込んだ、洗練された
冲击力 chōngjīlì　衝撃、インパクト
马特洪峰 Mǎtèhóngfēng　マッターホルン
武陵源 Wǔlíngyuán　武陵源
工业革命 gōngyè gémìng　産業革命

4-6 「原神」の画面スタイル

音声 68

《原神》的画面风格

Zuòwéi yì kuǎn jīběn miǎnfèi de yóuxì, 《Yuánshén》 měilì、
作为一款基本免费的游戏，《原神》美丽、
jīngzhì de huàmiàn, duì wánjiā láishuō shì jí fù shìjué chōngjīlì de. Tā yǐ
精致的画面，对玩家来说是极富视觉冲击力的。它以
xiànshí fēngjǐng wéi yuánxíng, shèjìchūle dòngmànfēng de yóuxì shìjiè.
现实风景为原型，设计出了动漫风的游戏世界。

Zài yǐjīng kāifàng de yóuxì dìtú zhōng, Méngdé dìqū shì yǐ
在已经开放的游戏地图中，蒙德地区是以
zhōngshìjì Déguó yídài de Xī'ōu dìqū wéi yuánxíng, qízhōng de xuěshān fēngjǐng
中世纪德国一带的西欧地区为原型，其中的雪山风景
cānkǎole Ā'ěrbēisīshān de Mǎtèhóngfēng ; Líyuè dìqū yǐ gǔdài
参考了阿尔卑斯山的马特洪峰；璃月地区以古代
Zhōngguó wéi yuánxíng, chǎngjǐng shèjì cānkǎole Húnán Zhāngjiājiè de Wǔlíngyuán、
中国为原型，场景设计参考了湖南张家界的武陵源、
Sìchuān Ābà de Huánglóng fēngjǐngqū hé Guǎngxī de Guìlín shānshuǐ ; Dàoqī dìqū
四川阿坝的黄龙风景区和广西的桂林山水；稻妻地区
yǐ Jiānghù shídài de Rìběn wéi shèjì yuánxíng ; Xūmí yǐ zhōngshìjì Zhōngdōng、
以江户时代的日本为设计原型；须弥以中世纪中东、
gǔ Yìndù hé gǔ Āijí wéi yuánxíng ; ér Fēngdān de shèjì línggǎn zé láiyuán
古印度和古埃及为原型；而枫丹的设计灵感则来源
yú zhōngshìjì Fǎguó hé gōngyè gémìng shíqī de Yīngguó.
于中世纪法国和工业革命时期的英国。

「原神」の画面スタイル

基本的に無料のゲームなのに、「原神」の画面は美しく精緻で、プレイヤーに与えたインパクトはかなりのものでした。「原神」は現実の風景をベースに、日本のアニメ風のゲーム世界を構築しています。

すでに開放されている地図を見ると、モンド国は中世のドイツ一帯の西ヨーロッパを、雪山風景はアルプスのマッターホルンをモデルにし、リーユエ国は古代中国をベースに湖南省・張家界の武陵源、四川省アバの黄龍地区、広西チワン族自治区の桂林の山水などを参考にしています。稲妻国のモデルは江戸時代の日本です。スメール国は中世の中東、古代インド、古代エジプトをモデルにし、そしてフォンテーヌ国のデザインは中世フランスと産業革命期のイギリスからインスピレーションを得ているそうです。

＊ Ver 4.6 までで、モンド、リーユエ、稲妻、スメール、フォンテーヌの 5 カ国が開放されている。

音声 69

学習ポイント

1 ▶基本　［副詞］基本的に、“基本上”とも、［名詞・形容詞］基本

Wǒ zhōusān wǎnshang jīběn dōu zàijiā.
我周三晚上**基本**都在家。　基本的に水曜日の夜は家にいる。

Chéngshí shì yí gè rén zuì jīběn de sùyǎng.
诚实是一个人最**基本**的素养。　正直であることは人間の最も基本的な資質である。

Jīntiān wǒmen liàn yíxià shūfǎ de jīběn gōng.
今天我们练一下书法的**基本**功。
今日は書道の基本を練習しましょう。

2 ▶原型　［名詞］原型、モデル

Tīngshuō zhège jiànzhùwù de shèjì yuánxíng shì yí ge fānchuán.
听说这个建筑物的设计**原型**是一个帆船。
この建物のデザインはヨットが原型だそうだ。

Xīngbākè de shāngbiāo shì yǐ yí ge shuāng wěi hǎiyāo wéi yuánxíng shèjì de.
星巴克的商标是以一个双尾海妖为**原型**设计的。
スターバックスのロゴは2つの尾を持つサイレンという人魚をモチーフにしている。

《Měilì xīnlíng》 de gùshi yuánxíng shì zhùmíng shùxué jiā Yuēhàn · Nàshén de chuánqí rénshēng.
《美丽心灵》的故事**原型**是著名数学家约翰・纳什的传奇人生。
『ビューティフル・マインド』のストーリーは、有名な数学者ジョン・ナッシュの伝説的な生涯をもとにしている。

3 ▶一带　［名詞］周辺、～あたり

＊よく場所を表す名詞や“这”“那”の後に置かれる。

Zhè yídài de fángzi dàduō shì hǎijǐng fáng.
这**一带**的房子大多是海景房。
この辺の住宅はほとんど海の見える（オーシャンビューの）物件だ。

Lìshǐ shàng, Jiāngzhè yídài yǒngxiànle xǔduō wénrén dàjiā.
历史上，江浙**一带**涌现了许多文人大家。
歴史上、江蘇省と浙江省の周辺では、多くの文人や偉人が生まれた。

Chuānyú yídài liúchuánzhe yí ge chuánshuō.
川渝**一带**流传着一个传说。
四川、重慶あたりでは、こういう言い伝えがある。

4-7 《原神》的商业成功与中国游戏的成长

「原神」のビジネスにおける成功と中国ゲームの成長

まず、聴いてみましょう！

ヒント1

《Yuánshén》zhèige yóuxì háiyǒu shénme yōudiǎn?

《原神》这个游戏还有什么优点?

「原神」はほかに、どんな魅力がありますか？

ヒント2

Yóuxì de Rìwén pèiyīn yǎnyuán yǒu shéi?

游戏的日文配音演员有谁?

このゲームの日本語の声優には誰がいますか？

ヒント3

《Yuánshén》fāxíng bànnián de shíhou dàgài shōurù duōshao?

《原神》发行半年的时候大概收入多少?

「原神」の発売半年の時点の売上は？

単語

引人入胜 yǐnrén-rùshèng　人を引きつけて夢中にさせる、魅力あふれる
解谜 jiě mí　謎解き
环节 huánjié　部分、パート
配音 pèiyīn　声の出演、吹き替え、アフレコ
专辑 zhuānjí　音楽アルバム
学有所成 xué yǒu suǒ chéng　学んで、成果を得た、成長した
认可 rènkě　認める、承認する

音声 71

《原神》的商业成功与中国游戏的成长

Chúle yǐnrén-rùshèng de gùshi qíngjié、 jīngměi de huàmiàn hé juésè
除了引人入胜的故事情节、精美的画面和角色
xíngxiàng、liúchàng de yóuxì dòngzuò hé jīngqiǎo de jiě mí huánjié děng fāngmiàn,
形象、流畅的游戏动作和精巧的解谜环节等方面，
yōuměi de yīnyuè hé gāozhìliàng de juésè pèiyīn yě wèi zhè kuǎn yóuxì zēngsè
优美的音乐和高质量的角色配音也为这款游戏增色
bùshǎo. Mùqián, yóuxì de yuánshēng yīnyuè zhuānjí yǐjīng fāxíngle 6 zhāng;
不少。目前，游戏的原声音乐专辑已经发行了 6 张；
"Qí xiǎng tiān wài" děng rén de Hànyǔ pǔtōnghuà pèiyīn hé Tiánzhōng Lǐhuì děng
“奇响天外”等人的汉语普通话配音和田中理惠等
rén de Rìyǔ pèiyīn yě dōu pō shòu wánjiā de hǎopíng. Zhèxiē dōu shì
人的日语配音也都颇受玩家的好评。这些都是
《Yuánshén》 zài shāngyè shàng qǔdé chénggōng、fāxíng bànnián jiù shōurù 10 yì
《原神》在商业上取得成功、发行半年就收入 10 亿
měiyuán de yuányīn suǒzài.
美元的原因所在。

Zǒngzhī, Zhōngguó yóuxì cóng yóuxì qiángguó Rìběn shēnshang xué yǒu suǒ chéng,
总之，中国游戏从游戏强国日本身上学有所成，
bìng zhōngyú dédàole Rìběn shìchǎng nǎizhì shìjiè shìchǎng de rènkě, zhè duì
并终于得到了日本市场乃至世界市场的认可，这对
quánshìjiè de yóuxì wánjiāmen láishuō, yě shì yí jiàn zhíde xīnxǐ de shìqing.
全世界的游戏玩家们来说，也是一件值得欣喜的事情。

「原神」のビジネスにおける成功と中国ゲームの成長

魅力あふれるストーリー、精緻な画面とキャラクター、スムーズな動き、巧みな謎解きだけでなく、美しい音楽とハイクオリティな声の演出もこのゲームに大いに彩りを添えています。ゲームのオリジナルサウンドトラックはこれまでに６枚リリースされており、「奇響天外」らによる中国語普通話版吹き替えも、田中理恵らによる日本語版吹き替えもプレイヤーらに愛されています。こうしたことも、ゲームリリースから半年で売上 10 億ドル突破という「原神」の商業的な成功を支えています。

とにかく中国のゲームは、ゲーム大国日本から学んだことをものにし、ついに日本、ひいては世界に認められたのです。全世界のプレイヤーにとっても、誠に喜ばしいことと言えるでしょう。

音声72

学習ポイント

1 ▶引人入胜　［成語］人を引きつけて夢中にさせる、魅力的である

Zhè bù diànshìjù de jùqíng shífēn jīngcǎi，yǐnrén-rùshèng.
这部电视剧的剧情十分精彩，**引人入胜**。
このドラマはとても面白く、人を夢中にさせる。

Tā yǐnrén-rùshèng de yǎnshuō ràng tā shōuhuòle bǎiwàn fěnsī.
他**引人入胜**的演说让他收获了百万粉丝。
彼の人を引き付けるような演説は、何百万人ものファンを獲得している。

Gùshi shèzhìle chóngchóng xuánniàn，shífēn yǐnrén-rùshèng.
故事设置了重重悬念，十分**引人入胜**。
このストーリーは重層的に謎を設定していて、非常に興味をそそる。

2 ▶为 / 让 …增色　～に彩り・趣を添える、加える

Wǔshī biǎoyǎn wèi jiérì zēngsè tiāncǎi.
舞狮表演**为**节日**增色**添彩。　獅子舞が祭日に趣を添えている。

Zhècì qǐyè gǎigé wèi yèjì zēngsè bùshǎo.
这次企业改革**为**业绩**增色**不少。
企業改革のおかげで業績が大いにアップした。

Làjiāo ràng zhè dào cài zēngsè bùshǎo.
辣椒**让**这道菜**增色**不少。
この料理は唐辛子が彩りを添えているところが大きい。

3 ▶对…来说　～にとって、～の立場から言うと

Duì nǐ láishuō，jiātíng zhòngyào háishi shìyè zhòngyào?
对你**来说**，家庭重要还是事业重要?
あなたにとって大切なのは家族ですか、それともキャリアですか？

Duì gōngsī láishuō，měige yuángōng dōu shì gōngsī de bǎoguì cáichǎn.
对公司**来说**，每个员工都是公司的宝贵财产。
会社にとっては、従業員一人ひとりが全部会社の大切な財産です。

Duì zhè zuò chéngshì láishuō，xīnà gāoxīn kējì réncái shì zhè jǐ nián de gōngzuò mùbiāo zhīyī.
对这座城市**来说**，吸纳高新科技人才是这几年的工作目标之一。
この都市にとって、ハイテク人材を誘致することは、ここ数年の仕事の目標の一つである。

第5課

从《创造营》到《乘风破浪的姐姐》：中国选秀综艺的魅力

「創造営」から「乗風破浪的姐姐」まで
中国オーディション番組の魅力とは？

5-1
中国选秀节目大接近
中国のオーディション番組に大接近

5-2
“偶像团体”选秀的热潮
アイドルオーディションの大ブーム

5-3
偶像选秀节目的鼎盛期：2019-2021
アイドルオーディション番組のピーク期：2019 – 2021

5-4
偶像的“流量明星”化与偶像选秀综艺的停播
アイドルのスター化とオーディション番組の制作中止

5-5
竞演综艺的持续升温
人気上昇中の競い合いエンターテインメント

5-6
选秀节目的意义
オーディションバラエティ番組の意義

5-1 中国选秀节目大接近

中国のオーディション番組に大接近

まず、聴いてみましょう！

ヒント1

Zuìjìn Zhōngguó yǒngxiànle nǎxiē xuǎnxiù lèi zōngyì jiémù?

最近中国涌现了哪些选秀类综艺节目?

最近中国ではどんなオーディション番組が出てきましたか？

ヒント2

Yídù rénqì bàopéng de ǒuxiàng xuǎnxiù jiémù yǒu nǎxiē?

一度人气爆棚的偶像选秀节目有哪些?

かつて人気を博したアイドルオーディション番組は？

ヒント3

30 jiā yìrén cānjiā de liǎng kuǎn jìng yǎn zōngyì de míngzi jiào shénme?

30+ 艺人参加的两款竞演综艺的名字叫什么?

30 歳以上の芸能人が競い合うバラエティ番組２つの名前は？

単　語

涌现　yǒngxiàn　大量に現れる、どっと出現する

综艺节目　zōngyì jiémù　バラエティ番組

偶像　ǒuxiàng　アイドル

选秀　xuǎnxiù　オーディション

乘风破浪　chéngfēng-pòlàng　風に乗り波を割って進む。
困難や障害に立ち向かってまい進すること。

披荆斩棘　pījīng-zhǎnjí　厳しいいばらの道を切り開く。
困難や障害を克服し、前途を切り開くこと。

脱颖而出　tuōyǐng'érchū　頭角を現す

音声 74

中国选秀节目大接近

近《Jìn》几年《jǐnián》，中国《Zhōngguó》涌现出了《yǒngxiànchūle》不少《bùshǎo》非常《fēicháng》受《shòu》欢迎《huānyíng》的《de》综艺《zōngyì》节目《jiémù》，其中《qízhōng》，偶像《ǒuxiàng》选秀《xuǎnxiù》类《lèi》的《de》《偶像练习生》《Ǒuxiàng liànxí shēng》、《青春有你》《Qīngchūn yǒu nǐ》《创造营》《Chuàngzào yíng》等《děng》综艺《zōngyì》节目《jiémù》一度《yídù》人气《rénqì》爆棚《bàopéng》；同时《tóngshí》，30+《30 jiā》男女《nánnǚ》艺人《yìrén》的《de》竞《jìng》演《yǎn》综艺《zōngyì》《乘风破浪的姐姐》《Chéngfēng-pòlàng de jiějie》和《hé》《披荆斩棘的哥哥》《Pījīng-zhǎnjí de gēge》也《yě》具有《jùyǒu》极《jí》高《gāo》的《de》话题《huàtí》度《dù》。

下面《Xiàmiàn》，我们《wǒmen》就《jiù》来《lái》一起《yìqǐ》了解《liǎojiě》一下《yíxià》这些《zhèxiē》颇《pō》受《shòu》欢迎《huānyíng》的《de》中国《Zhōngguó》选《xuǎn》秀《xiù》综艺《zōngyì》和《hé》从中《cóngzhōng》脱颖而出《tuōyǐng'érchū》的《de》艺人们《yìrénmen》，并《bìng》和《hé》大家《dàjiā》探讨《tàntǎo》一下《yíxià》这些《zhèxiē》节目《jiémù》之所以《zhīsuǒyǐ》受《shòu》欢迎《huānyíng》的《de》原因《yuányīn》所在《suǒzài》。

中国のオーディション番組に大接近

ここ数年、中国では大ヒットを飛ばすバラエティ番組がいくつも出現しています。アイドルオーディション系の「偶像練習生」、「青春有你」、「創造営」などが一時期最も人気を博し、一方、30 歳以上の男女芸能人が芸を競い合う「乗風破浪的姐姐」や「披荊斬棘的哥哥」も話題性バツグンです。

それでは、人気沸騰中のこれらの中国オーディション番組と、そこから頭角を現した芸能人や、番組の人気の理由を一緒に探っていきましょう。

音声75

学習ポイント

1 ▶一度　［副詞］かつては、一時期、一度

Rénmen yídù rènwéi dìqiú shì fāngde.
人们一度认为地球是方的。　かつて人々は地球が四角いと思っていた。

Tā yīnwèi shīliàn、yídù shífēn xiāochén.
他因为失恋、一度十分消沉。　彼は失恋した頃、とても落ち込んでいた。

Wǒ yídù yǐwéi tā shì Rìběnrén，méi xiǎngdào tā shì Zhōngguórén.
我一度以为他是日本人，没想到他是中国人。
私は一時期彼が日本人だと思っていたが、意外なことに、中国人だった。

2 ▶从中　［副詞］その中から

Kànwán zhè běnshū，wǒ cóngzhōng huòdéle bùshǎo qǐfā.
看完这本书，我从中获得了不少启发。
この本から、たくさん得るものがあった。

Gùshi jiǎngwánle，dàjiā cóngzhōng xuédàole shénme dàoli?
故事讲完了，大家从中学到了什么道理?
物語は以上です。皆さんは何を学び取りましたか?

Tā dījià mǎirù chǎnpǐn，zài gāojià màichū，cóngzhōng zhuànqǔ chājià.
他低价买入产品，再高价卖出，从中赚取差价。
彼は商品を安く仕入れて、高く売り、そこから差額分の利益を得る。

3 ▶所在　［名詞］～の存在する場所、所在

Nèiróng hǎohuài shì yí ge méitǐ néngfǒu chángjiǔ fāzhǎn de guānjiàn suǒzài.
内容好坏是一个媒体能否长久发展的关键所在。
コンテンツの良し悪しがメディアの存続を左右する鍵だ。

Shèhuì huánjìng、jīngjì yālì dōu shì chūshēnglǜ búduàn xiàjiàng de yuányīn suǒzài.
社会环境、经济压力都是出生率不断下降的原因所在。
出生率低下の原因は社会環境と経済的重圧にある。

Kù shuài de dòngzuò hé shēnhòu de wénhuà nèihán shì Zhōngguó gōngfu de mèilì suǒzài.
酷帅的动作和深厚的文化内涵是中国功夫的魅力所在。
クールな動きと深い文化的意義が、中国カンフーの魅力の在りかである。

音声 76

5-2 “偶像团体”选秀的热潮

アイドルオーディションの大ブーム

まず、聴いてみましょう！

ヒント1

Zhōngguó de “Ǒuxiàng yuánnián” shì nǎ nián?

中国的“偶像元年”是哪年?

中国の「アイドル元年」は何年ですか？

ヒント2

《Ǒuxiàng liànxíshēng》 hé 《Chāojí nǚshēng》 yǒu shénme bùtóng?

《偶像练习生》和《超级女声》有什么不同?

「偶像（アイドル）練習生」と「超級女声（スーパーガール）」の違いは？

ヒント3

Ǒuxiàng xuǎnxiù zōngyì de zhìzuò píngtái yǒu nǎxiē?

偶像选秀综艺的制作平台有哪些?

アイドルオーディション番組制作・放送のプラットフォームは？

単語

爱奇艺 Àiqíyì　iQIYI（アイチーイー）百度傘下の動画配信プラットフォーム
开播 kāibō　放送開始、配信スタート
元年 yuánnián　元年、大きな変化のあった最初の年
登台 dēngtái　（舞台に）登場する
草根 cǎogēn　草の根、庶民
筛选 shāixuǎn　選抜する、ふるいにかける
录制 lùzhì　（番組の）収録をする
票选 piàoxuǎn　投票で選ぶ
出道 chūdào　デビューする
走红 zǒuhóng　人気が出る、ヒットする、ブレイクする、バズる
优酷 Yōukù　YOUKU（ヨウク）アリババグループ傘下の動画配信プラットフォーム
腾讯 Téngxùn　TenCent（テンセント）中国の大手IT・ネットサービス企業

音声 77

“偶像团体”选秀的热潮

2018 nián, shìpín píngtái “Àiqíyì” de dì-yī dàng ŏuxiàng
2018 年，视频平台“爱奇艺”的第一档偶像
xuǎnxiù jiémù 《Ŏuxiàng liànxíshēng》 kāibō, zhè yì nián yě bèi chēngwéi
选秀节目《偶像练习生》开播，这一年也被称为
Zhōngguó de “Ŏuxiàng yuánnián”. Suīrán cǐqián Zhōngguó yě yǒu《Chāojí nǚshēng》
中国的“偶像元年”。虽然此前中国也有《超级女声》
《Kuàilè nánshēng》 děng xuǎnxiù jiémù, dàn dāngshí dēngtái de xuǎnshǒu dàduō
《快乐男声》等选秀节目，但当时登台的选手大多
chūshēn cǎogēn. Ér jīngguò shāixuǎn cānjiā《Ŏuxiàng liànxí shēng》de 100 míng
出身草根。而经过筛选参加《偶像练习生》的 100 名
xuǎnshǒu zé quánbù láizì gè dà jīngjì gōngsī huò liànxíshēng gōngsī. Zhèxiē
选手则全部来自各大经纪公司或练习生公司。这些
xuǎnshǒu yào jīngguò sì ge yuè de fēngbì shì xùnliàn hé jiémù lùzhì, jiēshòu
选手要经过四个月的封闭式训练和节目录制，接受
guānzhòng piàoxuǎn, piàoshù zuìgāo de 9 míng liànxíshēng jiāng zǔchéng yí ge quánxīn
观众票选，票数最高的 9 名练习生将组成一个全新
de ŏuxiàng tuántǐ bìng chūdào. Tōngguò《Ŏuxiàng liànxíshēng》chūdào de Cài
的偶像团体并出道。通过《偶像练习生》出道的蔡
Xúkūn、Chén Lìnóng děng rén hěn kuài zǒuhóng. Cǐhòu, “Àiqíyì”、 “Yōkù”
徐坤、陈立农等人很快走红。此后，“爱奇艺”、“优酷”
hé “Téngxùn” děng píngtái jiēlián tuīchū ŏuxiàng xuǎnxiù zōngyì, sān nián jiù
和“腾讯”等平台接连推出偶像选秀综艺，三年就
tuīchūle 11 ge ŏuxiàng tuántǐ.
推出了 11 个偶像团体。

アイドルオーディションの大ブーム

動画配信サービス「愛奇芸（iQIYI）」で初のアイドルオーディション番組「偶像練習生」がスタートした2018年は、中国の「アイドル元年」と呼ばれています。中国にはそれ以前にも「超級女声（スーパーガール）」や「快楽男声(スーパーボーイ)」というオーディション番組が存在しましたが、登場する挑戦者はほぼ一般人でした。一方、「偶像練習生」の場合、選抜をくぐり抜けた100名の挑戦者は、全員が中国内外のマネジメント会社や芸能事務所所属のアイドルの卵です。彼らは4カ月に及ぶトレーニングと番組収録を行いながら、視聴者からの投票で最終的に9名に絞られていきます。残った9名は、新ユニットとしてデビューが決まっています。「偶像練習生」からデビューした蔡徐坤、陳立農らはあっという間にブレイクしました。それ以降、愛奇芸、優酷（YOUKU）、騰訊（テンセント）といった配信大手は続々とオーディション番組を制作し、3年で11のユニットを生み出しました。

音声78

学習ポイント

1 ▶ 出身　［名詞］出身、経歴、身分

＊［動詞］～の出身だ、～の出

Xiǎo Zhāng shì chūshēn yú Shànghǎi de nán yǎnyuán.
小张是**出身**于上海的男演员。　張さんは上海出身の俳優だ。

Chūshēn wèibì huì juédìng rén de mìngyùn.
出身未必会决定人的命运。　生まれで運命が決まるとは限らない。

Tā chūshēn Jīngjù shìjiā，duì Jīngjù ěrrú-mùrǎn.
他**出身**京剧世家，对京剧耳濡目染。
彼は京劇一家の出身で、京劇を目と耳で覚えてきた。

2 ▶ 经过　［動詞］経流、通過する　［前置詞］～を経て

Zhè liàng lièchē huì jīngguò Zhōngguó、Měnggǔ、Éluósī zhè sān ge guójiā.
这辆列车会**经过**中国、蒙古、俄罗斯这三个国家。
この列車は中国、モンゴル、ロシアの３カ国を通過する。

Zhège fāng'àn shì jīngguò fǎnfù lùnzhèngguò de.
这个方案是**经过**反复论证过的。
この案の（合理性）は何度もの実証で証明されてきた。

Niúnǎi jīngguò yí yè de fājiào biànchéngle gèng róngyì xiāohuà de suānnǎi.
牛奶**经过**一夜的发酵变成了更容易消化的酸奶。
牛乳は一晩の発酵を経て、より消化しやすいヨーグルトになった。

3 ▶ 通过　［前置詞］～の手段・方法で、～によって、～を通じて

Hěn duō pǔtōngrén tōngguò duǎnshìpín zǒuhóng.
很多普通人**通过**短视频走红。
多くの一般人がショート動画で人気者になった。

Wǒ hé tā shì tōngguò péngyou jièshào rènshi de.
我和他是**通过**朋友介绍认识的。
私は友人の紹介で彼と知り合った。

Tōngguò duō tīng duō shuō de fāngfǎ，tā de Hànyǔ jìnbù fēikuài.
通过多听多说的方法，他的汉语进步飞快。
たくさん聞き、たくさん話すという方法で、彼の中国語は飛躍的に上達した。

5-3 偶像选秀节目的鼎盛期：2019-2021
アイドルオーディション番組のピーク期：2019 – 2021

まず、聴いてみましょう！

ヒント1

《Qīngchūn yǒu nǐ》 yígòng bōchūle jǐ jì?

《青春有你》一共播出了几季?

「青春有你」は何シーズンを放送されましたか？

ヒント2

Nǎxiē ǒuxiàng tuántǐ shì tōngguò《Chuàngzào yíng》chéngtuán de?

哪些偶像团体是通过《创造营》成团的?

「創造営」でグループ結成を実現したアイドルグループは？

ヒント3

Niánqīng ǒuxiàngmen de nǎxiē mèilì xīyǐnle fěnsī?

年轻偶像们的哪些魅力吸引了粉丝?

若いアイドルたちがファンを惹きつける魅力ポイントは？

単語

捧红 pěnghóng　育てる、人気のあるスター・アイドルにする

成团 chéngtuán　グループとしてデビューする

卓绝 zhuójué　卓絶している、ずば抜けている

英姿飒爽 yīngzī sàshuǎng　颯爽としてかっこいい

音声 80

偶像选秀节目的鼎盛期：2019-2021

从《Cóng》 2019 年《nián》至《zhì》 2021 年《nián》，“爱奇艺《Àiqíyì》”延续《yánxù》《偶像《Ǒuxiàng》练习生《liànxíshēng》》的《de》竞选《jìngxuǎn》模式《móshì》，推出了《tuīchūle》《青春《Qīngchūn》有《yǒu》你《nǐ》》的《de》第一《dì-yī》季《jì》、第二《dì-èr》季《jì》和《hé》第三季《dì-sānjì》，并《bìng》捧红了《pěnghóngle》李汶翰《Lǐ Wènhàn》、刘雨昕《Liú Yǔxīn》、虞书欣《Yú Shūxīn》、唐九洲《Táng Jiǔzhōu》等《děng》众多《zhòngduō》偶像《ǒuxiàng》明星《míngxīng》。同时《Tóngshí》，“腾讯《Téngxùn》视频《shìpín》”也《yě》先后《xiānhòu》推出了《tuīchūle》 3 季《jì》《创造营《Chuàngzào yíng》》，成团了《chéngtuánle》 R1SE、硬糖少女《Yìngtáng shàonǚ》 303、INTO1，让《ràng》周震南《Zhōu Zhènnán》、希林娜依·高《Xīlínnàyī · Gāo》、刘宇《Liú Yǔ》、力丸《Lì Wán》、赞多《Zàn Duō》、米卡《Mǐ kǎ》等《děng》年轻《niánqīng》优秀《yōuxiù》的《de》偶像《ǒuxiàng》充分《chōngfèn》展现了《zhǎnxiànle》自己《zìjǐ》在《zài》歌唱《gēchàng》、舞蹈《wǔdǎo》、表演《biǎoyǎn》甚至《shènzhì》人格《réngé》等《děng》方面《fāngmiàn》的《de》魅力《mèilì》。他们《Tāmen》有的《yǒude》歌声《gēshēng》独特《dútè》，有的《yǒude》舞姿《wǔzī》卓绝《zhuójué》，有的《yǒude》英姿《yīngzī》飒爽《sàshuǎng》，有的《yǒude》甜美《tiánměi》可爱《kě'ài》，这些《zhèxiē》都《dōu》让《ràng》他们《tāmen》收获了《shōuhuòle》大量《dàliàng》来自《láizì》世界《shìjiè》各地《gèdì》的《de》粉丝《fěnsī》。

アイドルオーディション番組のピーク期：2019 − 2021

2019年から2021年にかけ、愛奇芸が「偶像練習生」の選抜方式を引き継いで制作した「青春有你」のシーズン1、シーズン2、シーズン3は、李汶翰、劉雨昕、虞書欣、唐九洲など多くのアイドルを輩出しました。同時期に騰訊視頻（テンセントビデオ）が配信した「創造営」全3シーズンからも、R1SE、硬糖少女303、INTO1というユニットが誕生し、周震南、希林娜依・高、劉宇、力丸、賛多、米卡など若くて才能のあるアイドルたちが、歌やダンス、パフォーマンス、ひいては人柄の面においても存分にその魅力を発揮しました。独特な歌声、卓越したダンス、容姿のかっこよさ、愛らしさ、それぞれの魅力で世界中に大勢のファンを獲得したのです。

音声81

学習ポイント

1 ▶捧　[動詞]　(両手の手のひらでくぼみを作り前方上方に差し出すという意から) 持ち上げる、おだてる

Gǎnxiè dàjiā lái pěngchǎng!
感谢大家来**捧**场！　ご来場ありがとうございます！

Zhāng Yìmóu pěnghóngle hěn duō diànyǐng míngxīng.
张艺谋**捧**红了很多电影明星。　チャン・イーモウは数多くの映画スターを育てた。

Bié kuā le, nǐ zhè shi pěngshā wǒ ne!
别夸了，你这是**捧**杀我呢！　おいおい、ほめ殺しはやめてくれよ。

2 ▶充分　[形容詞]　十分である

Wǒ duì xìnxī zhǎngwò de hái búgòu chōngfèn.
我对信息掌握得还不够**充分**。
情報の把握がまだ十分ではなかった。

Wǒ chōngfèn lǐjiě nín, yě qǐng nín lǐjiě wǒ.
我**充分**理解您，也请您理解我。
そちらの事情は十分理解しておりますので、こちらの事情もご理解いただけないでしょうか。

Wǒ chōngfèn xiāngxìn háizi, bú huì guòfèn xiànzhì tā.
我**充分**相信孩子，不会过分限制他。
私はわが子を全面的に信頼しており、過度に制限することはしない。

3 ▶展现　[動詞]　(素晴らしい光景・景観・状態を) 示す、現す、繰り広げる

Tā xiǎoxiǎo niánjì jiù zhǎnxiànchūle jīngrén de biǎoyǎn tiānfù.
她小小年纪就**展现**出了惊人的表演天赋。
彼女は年端もいかないのに、驚くべき演技の才能を見せていた。

Dēngshàng chénglóu, gǔngǔn Chángjiāng jiù zhǎnxiànzài wǒ de yǎnqián.
登上城楼，滚滚长江就**展现**在我的眼前。
城楼に登ってみると、滔々と流れる長江が目の前に現れた。

Zuòpǐn zhǎnxiànle shàng shìjì liùshí niándài yǐlái Zhōngguórén de fèndòu shǐ.
作品**展现**了上世纪六十年代以来中国人的奋斗史。
この作品は、1960 年代以降の中国人の奮闘の歴史を繰り広げている。

音声82

5-4 偶像的“流量明星”化与偶像选秀综艺的停播
アイドルのスター化とオーディション番組の制作中止

まず、聴いてみましょう！

ヒント1

《Qīngchūn yǒu nǐ 2》 zhōng de Yú Shūxīn rúhé biànchéng “Liúliàng míngxīng” de?

《青春有你 2》中的虞书欣如何变成“流量明星”的?

「青春有你 2」の虞書欣さんはどのようにして、ネットでアクセスを稼ぐスターになったのでしょうか？

ヒント2

Tā zài Wēibó shàng de fěnsī shù shì duōshao?

她在微博上的粉丝数是多少?

彼女のウェイボーのフォロワー数は？

ヒント3

Zhōngguó de ǒuxiàng xuǎnxiù jiémù cúnzài shénme wèntí?

中国的偶像选秀节目存在什么问题?

中国のアイドルオーディション番組の問題点は？

単語

微博 Wēibó　Weibo、ウェイボー

名副其实 míngfùqíshí　名実ともに、名にたがわぬ、名に恥じない

流量 liúliàng　アクセス数、人気

叫停 jiàotíng　（関係当局が）中止を命じる

音声 83

偶像的“流量明星”化与偶像选秀综艺的停播

Tōngguò xuǎnxiù jiémù chūdào de ǒuxiàng huì zhújiàn xiàng qítā lǐngyù
通过选秀节目出道的偶像会逐渐向其他领域
fāzhǎn.　Lìrú zài 《Qīngchūn yǒu nǐ 2》zhōng rénqì gāozhǎng de Yú Shūxīn
发展。例如在《青春有你 2》中人气高涨的虞书欣
jiù zài diànshìjù《Cāng lán jué》zhōng dānrèn nǚzhǔjué，bìng shōuhuò hǎopíng.
就在电视剧《苍兰诀》中担任女主角，并收获好评。
Cǐhòu，suízhe bàoguāng liàng de zēngjiā，mùqián qí zài Wēibó de fěnsī shù
此后，随着曝光量的增加，目前其在微博的粉丝数
yǐ chāoguò liǎng qiānwàn，chéngle míngfùqíshí de “Liúliàng míngxīng”.
已超过两千万，成了名副其实的“流量明星”。

Búguò，Zhōngguó de ǒuxiàng tuántǐ xuǎnxiù jiémù dàduō shì duì Hánguó
不过，中国的偶像团体选秀节目大多是对韩国
xuǎnxiù zōngyì de fùkè，huòshì gòumǎile Hán zōng bǎnquán hòu yuányàng zhàobān,
选秀综艺的复刻，或是购买了韩综版权后原样照搬，
tánbushang yǒu xīnyì.　Lìngwài，yóuyú bùfen niánqīng fěnsī wèi zhīchí
谈不上有新意。另外，由于部分年轻粉丝为支持
ǒuxiàng ér zuòchū búdàng yánxíng，dǎozhì ǒuxiàng xuǎnxiù jiémù chǎnshēngle bù
偶像而做出不当言行，导致偶像选秀节目产生了不
hǎo de shèhuì yǐngxiǎng，suǒyǐ zhè lèi jiémù yě yú 2021 nián bèi jiàotíng.
好的社会影响，所以这类节目也于 2021 年被叫停。

アイドルのスター化とオーディション番組の制作中止

こうしてデビューしたアイドルは、徐々にほかの分野にも活躍の場を広げていきます。例えば「青春有你 2」で人気急上昇の虞書欣は、テレビドラマ「蒼蘭訣」で主演女優を務め、好評を博しました。その後、露出が増え、現在、ウェイボーのフォロワーがすでに 2,000 万人を超え、名実ともに人気スターになりました。

ですが、中国のアイドル番組の多くは韓国オーディション番組の真似もしくは版権を購入し、その番組を中国版にするだけで、独自性が十分ではありませんでした。また、一部のファンの迷惑を顧みない追っかけ行為がアイドルバラエティ番組のイメージを悪くしてしまったことで、このタイプの番組は 2021 年に政府から禁止されました。

音声 84

学習ポイント

1 ▶担任　[動詞]　職務・仕事を受け持つ、担当する、～の職に就く

Tā céng dānrèn Rì-Zhōng yǒuhǎo xiéhuì de huìzhǎng.
他曾**担任**日中友好协会的会长。　彼は日中友好協会の会長を務めたことがある。

Xiǎo Lǐ cóng chūyī qǐ jiù dānrèn wǒmen bān de shùxué kēdàibiǎo.
小李从初一起就**担任**我们班的数学科代表。
李さんは中学1年の時からクラスの数学科目の TA を担当していた。

Wǒ céng dānrèn duō jiā gōngsī de fǎlǜ gùwèn.
我曾**担任**多家公司的法律顾问。　数社の法律顧問を務めたことがある。

2 ▶流量　[名詞]（流行語）ネットでのアクセス数・データ量、人気度・影響力・商業価値

Yí ge míngxīng de fěnsī yuè duō，tā jùyǒu de liúliàng jiù yuè dà.
一个明星的粉丝越多，他具有的**流量**就越大。
スターのファンが多ければ多いほど、影響力と商業価値も高くなる。

Hěn duō guǎnggàoshāng dōu xīwàng ràng liúliàng míngxīng wèi chǎnpǐn dàiyán.
很多广告商都希望让**流量**明星为产品代言。
多くの広告主は、人気度の高いスターに自社製品のアンバサダーになってほしい。

Wèile huòdé liúliàng，wǎnghóngmen gèng qīngxiàng yú zhìzuò bó rén yǎnqiú de nèiróng.
为了获得**流量**，网红们更倾向于制作博人眼球的内容。
注目と人気度を得るために、インフルエンサーたちは人目を引くコンテンツを作る傾向がある。

3 ▶谈不上　そこまで言えない、～ほどのことではない

Tán qín shì wǒ de yèyú àihào，tánbushang zhuānyè.
弹琴是我的业余爱好，**谈不上**专业。
ピアノを弾くのは趣味で、プロとは言えない。

Wǒmen jiùshi péngyou guānxi，tánbushang xǐhuan bù xǐhuan.
我们就是朋友关系，**谈不上**喜欢不喜欢。
私たちはただの友人で、好きか嫌いかとかの話はない。

Zhège diǎnxīn piàoliang shì piàoliang，dàn tánbushang hǎochī.
这个点心漂亮是漂亮，但**谈不上**好吃。
このスイーツ・点心はきれいだが、おいしいとは言えない。

音声85

5-5 竞演综艺的持续升温

人気上昇中の競い合いエンターテインメント

まず、聴いてみましょう！

ヒント1

“Jìng yǎn” de yìsi shì?

“竞演”的意思是?

「競演」とは、どういう意味ですか？

ヒント2

Cānyù《Chéngfēng-pòlàng de jiějie》de，dàduō shì shénmeyàng de nǚ yìrén?

参与《乘风破浪的姐姐》的，大多是什么样的女艺人?

「乗風破浪的姐姐」に参加したのはどんな女性芸能人ですか？

ヒント3

《Chéngfēng-pòlàng de jiějie》hé《Pījīng-zhǎnjí de gēge》dōu yǒu shéme kàndiǎn?

《乘风破浪的姐姐》和《披荆斩棘的哥哥》都有什么看点?

「乗風破浪的姐姐」と「披荆斬棘的哥哥」の見どころは？

単　語

真人秀 zhēnrénxiù　リアリティショー

热搜 rèsōu　人気検索ワード、トレンド

谈吐 tántǔ　言葉遣い、話しぶり、しゃべり

惊艳 jīngyàn　息をのむような美しさで驚きを感じる

笑点 xiàodiǎn　笑いどころ、オチ

看点 kàndiǎn　見どころ

大热 dà rè　大人気である、大ヒットする

音声 86

竞演综艺的持续升温

Lìng yì fāngmiàn, yīnyuè lèi jìng yǎn zōngyì shǐzhōng hěn shòu huānyíng.
另一方面，音乐类竞演综艺**始终**很受欢迎。
Qízhōng, 30 jiā nánnǚ yìrén tōngguò zhǎnxiàn cáiyì bìng zǔ tuán de míngxīng jìng
其中，30+ 男女艺人通过展现才艺并组团的明星竞
yǎn zhēnrénxiù《Chéngfēng-pòlàng de jiějie》hé 《Pījīng-zhǎnjí de gēge》
演真人秀《乘风破浪的姐姐》和《披荆斩棘的哥哥》
rèdù jiào gāo, jīngcháng chūxiànzài Wēibó de rèsōubǎng shang. Cānjiā jiémù
热度较高，经常出现在微博的**热搜**榜上。参加节目
de, dàduō shì chūdào duōnián, yǐjīng qǔdéle yídìng chéngjiù de yìrén,
的，大多是出道多年，已经取得了一定成就的艺人，
yīncǐ, zhè liǎng dàng zōngyì yě dàiyǒu ràng míngxīng “chóngxīn chūdào” de yìwèi.
因此，这两档综艺也带有让明星“重新出道”的意味。
“Gēge”、 “jiějie” men yīrán yīngjùn、 měilì de róngyán、
“哥哥”、“姐姐”们依然英俊、美丽的容颜、
fēngqù yōumò de tántǔ hé jīngyàn de wǔtái biǎoyǎn, ràng jiémù jì yǒu
风趣幽默的谈吐和惊艳的舞台表演，让节目既有
xiàodiǎn yòu yǒu kàndiǎn. Lìngwài, kàndào shóuxi de míngxīng chóngxīn dēngtái,
笑点又有看点。另外，看到熟悉的明星重新登台，
yě néng ràng guānzhòng gǎnjué fǎngfú shíguāng dàoliú. Zhèxiē dōu shì jiémù nénggòu
也能让观众感觉**仿佛**时光倒流。这些都是节目能够
dà rè de yuányīn suǒzài.
大热的原因所在。

人気上昇中の競い合いエンターテインメント

一方、音楽対決番組は、いつも人気があります。そのなかで、30 歳以上の男女芸能人がグループになって芸を競い合う芸能人リアリティショー「乗風破浪的姐姐」や「披荊斬棘的哥哥」も、ウェイボーのトレンド入りの常連です。この2つの番組に出演する芸能人のほとんどは、デビューからかなりの年月が経過し、すでにある程度の成功を収めているため、番組出演は彼らにとって「再デビュー」という意味がありました。

年齢を重ねた「お兄様」「お姉様」の変わらぬ美貌や、自信を持ちながらも努力する姿、含蓄とユーモアに富んだしゃべりや驚きの舞台パフォーマンスが、番組に笑いと見どころをもたらし、彼らの存在と作品が、視聴者たちを昔に戻ったかのような気持ちにさせます。番組が大ヒットした理由はそんなところにあるのかもしれません。

音声87

学習ポイント

1 ▶始终　［副詞］ いつも、最初から最後まで

Wǒ duì nǐ shǐzhōng rúyī.
我对你始终如一。　君に対する気持ちはずっと変わっていない。

Wǒ de guāndiǎn shǐzhōng méiyǒu biàn.
我的观点始终没有变。　私の意見は変わっていない。

Shìchǎng shàng shǐzhōng yǒu "yì zhī kànbujiàn de shǒu" zài duì jīngjì jìnxíng tiáokòng.
市场上始终有"一只看不见的手"在对经济进行调控。
市場には常に経済をコントロールする「見えざる手」がある。

2 ▶热搜　［名詞］ 高頻度に検索されるワード、トレンド

Tāmen líhūn de xiāoxi jīntiān shàngle Wēibó rèsōu.
他们离婚的消息今天上了微博热搜。
この2人の離婚報道が、ウェイボーで話題になった。

Yǔshēng jiéxián chéngle rèsōu dì-yī.
羽生结弦成了热搜第一。
羽生結弦がトレンド1位になった。

Shàng rèsōu de cìshù nénggòu fǎnyìng yí ge míngxīng de rèdù hé dìwèi.
上热搜的次数能够反映一个明星的热度和地位。
トレンド入りの回数はスターの人気度や地位を反映している。

3 ▶仿佛　［副詞］ あたかも（…のようだ）、まるで

Yóukè yì zǒujìn díshìní lèyuán, jiù fǎngfú zhēnde zǒujìnle tónghuà shìjiè.
游客一走进迪士尼乐园，就仿佛真的走进了童话世界。
観光客はディズニーランドに足を踏み入れたとたん、まるで童話の世界に入り込んだかのような感覚になる。

Děngdài jiéguǒ de zhè yí ge xiǎoshí, wǒ gǎnjué fǎngfú yǒu yí ge shìjì nàme cháng.
等待结果的这一个小时，我感觉仿佛有一个世纪那么长。
結果を待つこの1時間は、まるで一世紀のような長さに感じられた。

Kàn zhè bù zuòpǐn shí, wǒ fǎngfú yě gēnzhe huídàole jiǔshí niándài de Shànghǎi.
看这部作品时，我仿佛也跟着回到了九十年代的上海。
この作品を見ていると、まるで 90 年代の上海にタイムスリップしたかのようだ。

5-6 选秀节目的意义

オーディションバラエティ番組の意義

まず、聴いてみましょう！

ヒント1

Xuǎnxiù zōngyì néngwèi wǒmen dàilái shénme gǎnshòu?

选秀综艺能为我们带来什么感受?

オーディションバラエティ番組は、私たちに何をもたらしますか？

ヒント2

Kàn xuǎnxiù zōngyì néng liǎojiědào shénme?

看选秀综艺能了解到什么?

オーディションバラエティ番組を見て何が分かりますか？

ヒント3

Kàn xuǎnxiù zōngyì néng xuéxídào shénme?

看选秀综艺能学习到什么?

オーディションバラエティ番組で、学べることは？

単　語

一同 yìtóng　一緒に、「一起」と同じ

激动 jīdòng　興奮する、感動する

震撼 zhènhàn　ショック・衝撃を受ける、揺り動かす、心を揺さぶる

当红 dānghóng　今人気の、人気沸騰中の、ブレイク中の

正能量 zhèngnéngliàng　プラスエネルギー、ポジティブなエネルギー、前向きなエネルギー

音声 89

选秀节目的意义

Zǒngzhī, wúlùn shì ǒuxiàng xuǎnxiù háishì míngxīng jìng yǎn, zhèxiē
总之，**无论**是偶像选秀还是明星竞演，这些
zōngyì jiémù dōu wèi wǒmen dàiláile shìjué、 tīngjué shàng de yúyuè, yě ràng
综艺节目**都**为我们带来了视觉、听觉上的愉悦，也让
wǒmen hé cānyùzhě yìtóng jīnglì jǐnzhāng、 jīdòng hé chéngzhǎng, ràng wǒmen
我们和参与者一同经历紧张、激动和成长，让我们
gǎnshòudào tāmen duì wǔtái de rèqíng hé rè'ài, yě zài tāmen de biǎoyǎn zhōng
感受到他们对舞台的热情和热爱，也在他们的表演中
gǎnshòudàole zhènhàn hé mǎnzú.
感受到了震撼和满足。

Rúguǒ nǐ xiǎng liǎojiě dāngdài Zhōngguó niánqīngrén de xǐhào, xiǎng liǎojiě
如果你想了解当代中国年轻人的喜好，想了解
Zhōngguó Yúlèquān yǒu nǎxiē dānghóng míngxīng, xiǎng zài zōngyì jiémù zhōng shōuhuò
中国娱乐圈有哪些当红明星，想在综艺节目中**收获**
kuàilè、 gǎndòng hé zhèngnéngliàng, bìng xuéxí dāngdài niánqīngrén suǒ shuō de
快乐、感动和正能量，并学习当代年轻人所说的
Zhōngwén, nàme, bùfáng kànkan Zhōngguó de xuǎnxiù zōngyì jiémù ba.
中文，那么，**不妨**看看中国的选秀综艺节目吧。

オーディションバラエティ番組の意義

アイドルオーディションであれ、スターの競演であれ、オーディション番組は目でも耳でも私たちを大いに楽しませてくれています。視聴者は出演者と一緒に緊張し、感動し、成長できますし、出演者のステージにかける情熱と愛を感じたり、彼らのパフォーマンスに衝撃を受けたり、幸せを感じたりすることができます。

もし今の中国の若い世代の好みや、中華圏の人気芸能人を知りたい、あるいは、バラエティ番組を見て楽しんだり、感動したり、エネルギーをもらったりしたい、さらに現代若者の中国語を勉強したいと考えるなら、オーディション番組を見てみてはいかがでしょうか。

音声90

学習ポイント

1 ▶无论…都　～を問わず、にかかわらず～
（条件のいかんを問わず、結果や結論は同じだ）

＊"无论"の後ろによく来るもの:疑問詞、"…不…"、"…没…"、"是A还是B"、反義語の並列。

Wúlùn yòng shénme fāngshì，wǒ dōu yào gǎnshang zhè tàng fēijī.
无论用什么方式，我**都**要赶上这趟飞机。　何としても、私はこのフライトに乗るんだ。

Wúlùn yǒu méiyǒu yòng，xiān shìshi zàishuō.
无论有没有用，先试试再说。　うまくいくかどうかは別として、まずはやってみよう。

Wúlùn shì zài gǔdài háishi zài xiàndài，měishí dōu shì rénmen de gòngtóng àihào.
无论是在古代还是在现代，美食**都**是人们的共同爱好。
古代でも現代でも、おいしい食べものは人類の共通の喜びだ。

2 ▶收获　［動詞］収穫する、成果を得る　［名詞］収穫、実り

Zhège dōngtiān，wǒ shōuhuòle yí ge xīn péngyou.
这个冬天，我**收获**了一个新朋友。　この冬、私は新しい友人を得た。

Fùchū jiù huì yǒu shōuhuò.
付出就会有**收获**。　代価を払ったら、きっと得るものがある。

Zhècì kǎogǔ wājué shōuhuò bù xiǎo!
这次考古挖掘**收获**不小！　この発掘調査は実り多いものだった！

3 ▶不妨　［副詞］～してもよかろう、～したらどう？（やや丁重な表現）

＊類語：可以

Rúguǒ nǐ xǐhuan gǔzhuāng piàn，bùfáng kànkan《Zhēn huán zhuàn》，tèbié hǎokàn.
如果你喜欢古装片，**不妨**看看《甄嬛传》，特别好看。
時代劇がお好きなら、「宮廷の諍い女」が特におすすめです。

Nǐ bùfáng wènwèn Lǎo Zhào，tā shì zhè fāngmiàn de zhuānjiā.
你**不妨**问问老赵，他是这方面的专家。
趙さんに聞いたら？　彼はこの分野の専門家です。

Jiàohuājī shì Jiāngsū míngcài，nǐ zhèicì qù Jiāngsū bùfáng chángchang kàn.
叫花鸡是江苏名菜，你这次去江苏**不妨**尝尝看。
「乞食鶏(こじきどり)」は江蘇省の有名料理で、今回江蘇省に行ったら食べてみるのもいいかもしれない。

第6課

也聊中日企业文化的异同

日中企業文化の異同点を語る

音声91

6-1 中日企业文化差异多?

日中企業文化は違いが多い？

まず、聴いてみましょう！

ヒント1

Zuìjìn, suízhe Zhōng-Rì jiāoliú de zēngduō, shénme chéngwéile huàtí?

最近，随着中日交流的增多，什么成为了话题?

日中交流の活発化で、最近話題になっていることは？

ヒント2

“Chāyì” de fǎnyìcí shì?

“差异”的反义词是?

「相違」の反義語は？

ヒント3

Wǒmen jiāng zhǔyào liáoliao nǎxiē fāngmiàn de qǐyè wénhuà?

我们将主要聊聊哪些方面的企业文化?

これから企業文化のどんな側面について話しますか？

単 語

乐道 lè dào　楽しんで話す
究竟 jiūjìng　いったい、結局、つまるところ
共性 gòngxìng　共通点、共通性
导致 dǎozhì　導く、引き起こす、もたらす

音声 92

中日企业文化差异多？

Suízhe Zhōng-Rì zhījiān jiāoliú de rìyì zēngduō, qǐyè wénhuà de
随着中日之间交流的日益增多，企业文化的
bǐjiào yě chéngle yí ge wéi rén suǒ lè dào de huàtí, dàn Zhōng-Rì qǐyè zhījiān
比较也成了一个**为人所乐道**的话题，但中日企业之间
zhēnde yǒu nàme dà de chāyì ma? Èrzhě jiūjìng shì chāyì duō háishì
真的有那么大的差异吗？二者**究竟**是差异多还是
gòngxìng duō ne?
共性多呢？

Xiàmian, wǒmen jiù jiāng dài dàjiā cóng jiùyè zhìdù、zhíchǎng wénhuà、
下面，我们就将带大家从就业制度、职场文化、
qǐyè lǐniàn děng jiǎodù, kǎochá yíxià Zhōng-Rì liǎng guó qǐyè zhījiān de
企业理念等角度，考察一下中日两国企业之间的
yìtóng, bìng gòngtóng sīkǎo yíxià dǎozhì chāyì chūxiàn de yuányīn suǒzài.
异同，并共同思考一下**导致**差异出现的原因所在。

日中企業文化は違いが多い？

日中間の交流が日に日に盛んになるにつれ、企業文化の衝突も面白く語られる話題の１つとなりました。それにしても、日本と中国の企業は本当にそんなに違うのでしょうか？　両者はいったい、違いの方が多いのでしょうか、それとも共通点の方が多いのでしょうか？

今回は、皆さんと一緒に、就業制度、職場文化、企業理念といった観点から、日中両国の企業に存在する異同を改めて観察し、その違いをもたらした原因についても考えてみたいと思います。

音声93

学習ポイント

1 ▶为…所…　~に~される（ややフォーマルな受け身表現）

Tā de gē wéi wǒmen zhè dài rén suǒ shúzhī.
他的歌为我们这代人所熟知。
彼の歌は私たちの世代にはよく知られている。

Měi ge rén dōu yǒu bù wéi rén suǒ zhī de yímiàn.
每个人都有不为人所知的一面。
誰にでも人に知られていない物語がある。

Fāxíng 3 nián lái, zhèi kuǎn yóuxì yìzhí wéi quánqiú de wánjiā suǒ chēngdào.
发行 3 年来，这款游戏一直为全球的玩家所称道。
発売から3年で、このゲームは世界中のプレーヤーに称賛されている。

2 ▶究竟　［副詞］いったい・結局のところ　［名詞］ 1つの結末、結果

＊類似表現：到底

Nǐ jiūjìng láibulái?
你究竟来不来?　いったい来るのか来ないのか?

Jiūjìng hǎobuhǎo, shìguò cái zhīdào.
究竟好不好，试过才知道。　良いか悪いかは、試してみないと分からない。

Shàngyě yǒu nǎxiē hǎochī de, ràng wǒmen qù yí tàn jiūjìng!
上野有哪些好吃的，让我们去一探究竟!
上野のおいしいものをいっしょに探そう!

3 ▶导致　［動詞］（多くの場合は望ましくない結果を）もたらす、引き起こす

Jǐnzhāng huì dǎozhì wàng cí.
紧张会导致忘词。
緊張で言葉（セリフ）が飛んでしまうことがある。

Jiǔjià hěn kěnéng dǎozhì yánzhòng de jiāotōng shìgù.
酒驾很可能导致严重的交通事故。
飲酒運転は重大な交通事故につながりやすい。

Guòfèn de zìxìn dǎozhì tā zuòchūle cuòwù de pànduàn.
过分的自信导致他做出了错误的判断。
自信過剰が彼の判断を誤らせた。

音声 94

6-2 招聘、入职与雇佣形式

採用・入社と就業形態

まず、聴いてみましょう！

ヒント1

Zài dàxuéshēng de zhāopìnhuì shang, Zhōng-Rì qǐyè dōu huì zěnme zuò?

在大学生的招聘会上，中日企业都会怎么做?

中国と日本の企業は、大学生向け就職説明会で、それぞれ何をしますか？

ヒント2

Zhāo xīn de shíqī, Zhōng-Rì yǒu shénme bùtóng?

招新的时期，中日有什么不同?

新卒採用の時期に関して、中国と日本の違いは？

ヒント3

Rìběn qǐyè de gùyōng xíngshì yǒu nǎxiē?

日本企业的雇佣形式有哪些?

日本企業の採用形態にはどんなものがありますか？

単語

校园招聘 xiàoyuán zhāopìn 学内企業説明会
吸引 xīyǐn 引きつける、誘い込む、呼び込む
投递简历 tóudì jiǎnlì 履歴書を送る、エントリーする
临时工 línshígōng アルバイト、パート、臨時雇い
起来 qǐlái ～しはじめる、～しだす、～してくる
趋势 qūshì 傾向、すう勢
兼职 jiānzhí 兼業、副業、非常勤

音声 95

招聘、入职与雇佣形式

在《Zài》招聘《zhāopìn》新人《xīnrén》的《de》手法《shǒufǎ》上《shang》，中日《Zhōng-Rì》有《yǒu》相似《xiāngsì》之《zhī》处《chù》。中国《Zhōngguó》和《hé》日本《Rìběn》都《dōu》有《yǒu》大《dà》规模《guīmó》的《de》校园《xiàoyuán》招聘《zhāopìn》，企业《qǐyè》会《huì》到《dào》大学《dàxué》做《zuò》讲演《jiǎngyǎn》，**吸引**《xīyǐn》大学生《dàxuéshēng》投递《tóudì》简历《jiǎnlì》。不过《Búguò》，二者《èrzhě》每年《měinián》的《de》纳新《nàxīn》时期《shíqī》却《què》并《bìng》不《bù》相同《xiāngtóng》，因为《yīnwèi》中国《Zhōngguó》大学生《dàxuéshēng》的《de》毕业《bìyè》时间《shíjiān》大多《dàduō》在《zài》6 月《yuè》，而《ér》日本《Rìběn》是《shì》在《zài》3 月底《yuèdǐ》。

另《Lìng》一《yì》方面《fāngmiàn》，日本《Rìběn》企业《qǐyè》的《de》雇佣《gùyōng》形式《xíngshì》很《hěn》多《duō》，除了《chúle》“正社员《zhèng shèyuán》”之外《zhīwài》，还有《háiyǒu》临时工《línshígōng》、“契约社员《qìyuē shèyuán》”、“派遣社员《pàiqiǎn shèyuán》”等《děng》。而《Ér》在《zài》中国《Zhōngguó》，非《fēi》正式《zhèngshì》雇佣《gùyōng》的《de》形态《xíngtài》是《shì》最近《zuìjìn》几年《jǐnián》才《cái》逐渐《zhújiàn》确立**起来**《quèlìqǐlai》的《de》。当然《Dāngrán》，就业《jiùyè》形态《xíngtài》的《de》多样化《duōyànghuà》已经《yǐjīng》成为《chéngwéi》一种《yì zhǒng》时代《shídài》**趋势**《qūshì》，兼职《jiānzhí》在《zài》中国《Zhōngguó》和《hé》日本《Rìběn》都《dōu》越来越《yuèláiyuè》多见《duō jiàn》了《le》。

採用・入社と就業形態

大学卒業生を採用する手段の1つとして、中国にも日本にも大規模な学内企業説明会があります。企業側が大学に赴いて説明会を行い、大学生にエントリーを呼びかけるあれです。しかし、その時期は、両者で明確に異なります。なぜなら、中国の大学生の卒業シーズンは大体6月であって、一方日本は3月末になっているからです。

日本企業の就業形態は種類が多く、正社員のほかにもアルバイト、契約社員、派遣社員などがあります。一方中国では、非正規雇用の雇用形態はここ数年でようやく確立してきたものです。もちろん、就業形態の多様化はすでに時代のすう勢になっており、兼業は中国でも日本でも増えてきています。

音声 96

学習ポイント

1 ▶吸引　[動詞]（関心や注目を）吸い寄せる、引きつける

Zhècì cùxiāo huódòng fēicháng xīyǐn rén.
这次促销活动非常**吸引**人。
今回のプロモーションは非常に魅力的だ。

Guìlín shānshuǐ měinián dōu huì xīyǐn dàliàng yóukè.
桂林山水每年都会**吸引**大量游客。
桂林の景色は毎年多くの観光客を引きつけている。

Wǒ bèi tā yōumò de tántǔ hé réngé mèilì suǒ xīyǐn.
我被他幽默的谈吐和人格魅力所**吸引**。
ユーモアのあふれるトークと人柄に惹かれた。

2 ▶動詞＋方向補語“起来”（その1）　動作の開始・継続を表す

＊“起”と“来”を分けて使うことがある。

Liánbāng jiù zhèyàng jiànlìleqǐlái.
联邦就这样建立了**起来**。　こうして連邦は設立された。

Cūn kǒu gàiqǐláile jǐ dòng dàlóu.
村口盖**起来**了几栋大楼。　村の入り口にはいくつかのビルが建てられた。

Tāmen shì Hùliánwǎng shídài chéngzhǎngqǐlái de yídài rén.
他们是互联网时代成长**起来**的一代人。
彼らはインターネットの時代に育った世代だ。

3 ▶趋势　[名詞]　すう勢、動向、成り行き

Zuìjìn wùjià shàngzhǎng de qūshì hěn míngxiǎn.
最近物价上涨的**趋势**很明显。
最近、価格の上昇傾向は明らかだ。

Wǎnghóng de míngxīnghuà yě shì yì zhǒng qūshì.
网红的明星化也是一种**趋势**。
インフルンサーがスター化する傾向がある。

Zhècì liúgǎn yǒu yùyǎn-yùliè de qūshì.
这次流感有愈演愈烈的**趋势**。
今回のインフルエンザは深刻化する傾向にある。

6-3 欢迎会与研修

歓迎会と研修

まず、聴いてみましょう！

ヒント1

Zhōngguó qǐyè huì jǔbàn “xīnrén huānyínghuì” ma?

中国企业会举办“新人欢迎会”吗?

中国企業は「新人歓迎会」をしますか？

ヒント2

Shénme shì “tuánduì jiànshè”?

什么是“团队建设”？

“团队建设”とは？

ヒント3

“Xīnrén yánxiū” de mùdì shì shénme?

“新人研修”的目的是什么?

「新人研修」の目的は何ですか？

単語

聚餐 jùcān　食事会

平摊 píng tān　割り勘にする

团队建设 tuánduì jiànshè　チームづくり、チームビルディング

借机 jiè jī　機会を借りて〜、〜きっかけに

培训 péixùn　研修、訓練

欢迎会与研修

在《Zài》日本《Rìběn》，新人《xīnrén》的《de》欢迎会《huānyínghuì》很《hěn》多《duō》时候《shíhou》就是《jiùshì》一《yí》次《cì》聚餐《jùcān》，费用《fèiyòng》基本上《jīběnshang》由《yóu》除《chú》新人《xīnrén》以外《yǐwài》的《de》同事《tóngshì》平《píng》摊《tān》；但《dàn》在《zài》中国《Zhōngguó》，却《què》并《bìng》不《bù》一定《yídìng》有名《míng》为《wéi》“欢迎会《huānyínghuì》”的《de》活动《huódòng》。不过《Búguò》，中国《Zhōngguó》的《de》公司《gōngsī》通常《tōngcháng》也《yě》有《yǒu》相关《xiāngguān》的《de》聚餐《jùcān》预算《yùsuàn》，名目《míngmù》往往《wǎngwǎng》是《shì》“团队《tuánduì》建设《jiànshè》”，新人《xīnrén》可以《kěyǐ》借《jiè》机《jī》和《hé》同事们《tóngshìmen》熟悉起来《shúxiqǐlai》。

研修《Yánxiū》方面《fāngmiàn》，为了《wèile》让《ràng》新人《xīnrén》尽快《jǐnkuài》掌握《zhǎngwò》工作《gōngzuò》技能《jìnéng》，许多《xǔduō》日本《Rìběn》的《de》大《dà》企业《qǐyè》都《dōu》会《huì》安排《ānpái》“新人《xīnrén》研修《yánxiū》”，时长《shícháng》从《cóng》1 个《gè》月《yuè》到《dào》1 年《nián》不等《bùděng》；同样《tóngyàng》，中国《Zhōngguó》企业《qǐyè》也《yě》有《yǒu》对《duì》新《xīn》职员《zhíyuán》的《de》教育《jiàoyù》培训《péixùn》，所以《suǒyǐ》在《zài》这《zhè》一《yì》点《diǎn》上《shàng》，二者《èrzhě》差异《chāyì》不《bú》大《dà》。

歓迎会と研修

日本では、新人の歓迎会は多くの場合は食事会で、費用は基本的に新人以外の人で割り勘にします。しかし中国では、「歓迎会」という名前の決まったイベントは必ずしもあるとは言えません。ただ、中国の会社にも類似の会食予算があり、名目は大体が「チームづくり」で、新人はこの機会に同僚と親しくなることができます。

研修に関しては、新人ができるだけ早く仕事のスキルを身につけられるように、日本の多くの大企業では、新人研修が1カ月から1年ほど行われます。中国の企業にも同じく新入社員に対する教育研修はあります。ですので、この点においては、両者はほとんど違いはありません。

音声 99

学習ポイント

1 ▶ A就是B　AはすなわちBだ、AはBにすぎない

Zài hěn duō kāfēidiàn, Nátiě jiùshi kāfēi jiā niúnǎi.
在很多咖啡店，拿铁**就是**咖啡加牛奶。
多くのカフェで、ラテはコーヒーにミルクを入れたものです。

Miàohuì jiùshi Zhōngguó guònián shí huì jǔbàn de chuántǒng jíshì.
庙会**就是**中国过年时会举办的传统集市。
「庙会」は、中国で旧正月に開催される伝統的な市場やお祭りのこと。

Zhè bú shì chāoshēngbō yíqì, jiùshi yí ge kěyǐ zhèndòng de xiǎo mǎdá.
这不是超声波仪器，**就是**一个可以震动的小马达。
これは超音波機器ではなく、ただ振動する小型のモーターにすぎない。

2 ▶ 由＋動作主＋（来）動作　～によって～をする、～が～をする（動作の主体を示すややフォーマルな表現）

Hé kèhù de duìjiē yóu Xiǎo Liú fùzé.
和客户的对接**由**小刘负责。　顧客との連絡担当はシャオ・リューだ。

Míngwǎn jùcān de fèiyòng yóu dàjiā píngtān.
明晚聚餐的费用**由**大家平摊。　明日の夜の懇親会の費用は、みんなで平等に負担します。

Yóu wǒ lái gěi dàjiā jièshào yíxià, zhè shì Wáng lǎobǎn.
由我来给大家介绍一下，这是王老板。
皆さんに紹介させていただきます。こちらは、王社長です。

3 ▶ 从…到…不等　～から～まで、一律でない・さまざまだ

Tǐzhòng cóng 50 gōngjīn dào 100 gōngjīn bùděng de 100 rén cānyùle zhècì jiànkāng cèshì.
体重**从** 50 公斤**到** 100 公斤**不等**的 100 人参与了这次健康测试。
今回の健康テストには、体重 50kg から 100kg までの 100 人が参加した。

Tā de fěnsī zhòngduō, cóng shí suì dào bāshí suì bùděng.
他的粉丝众多，**从**十岁**到**八十岁**不等**。
彼のファンは多く、10 代から 80 代まで、年齢はさまざまだ。

Wèixīng de shòumìng cóng jǐ tiān dào jǐbǎi nián bùděng.
卫星的寿命**从**几天**到**几百年**不等**。
人工衛星の寿命は数日から数百年で一律ではない。

音声 100

6-4 职场人际关系与工作方法

職場文化～人間関係と働き方

まず、聴いてみましょう！

ヒント1

Zhōng-Rì zhí chǎng wénhuà shàng zuìdà de bùtóng shì shénme?

中日职场文化上最大的不同是什么?

日中の職場文化における最大の違いは？

ヒント2

Zhōngguórén de “tóngbèi” guānniàn shì zěnyàng de?

中国人的“同辈”观念是怎样的?

中国人の「同輩」観念はどんなもの？

ヒント3

Zài Zhōngguó qǐyè nǎ zhǒng yuángōng gèng róngyì shòudào zhòngyòng?

在中国企业哪种员工更容易受到重用?

中国企業ではどんなタイプの社員がより好まれる？

単 語

要数… yào shǔ　～が挙げられる
取决于… qǔjué yú　（～は）～による、～で決まる
洽谈 qiàtán　商談する
不断 búduàn　絶えず、常に、途切れることなく
请示 qǐngshì　指示を仰ぐ、決裁を求める、伺いを立てる
重用 zhòngyòng　重用する

音声 101

职场人际关系与工作方法

Zhōng-Rì qǐyè zàizhí chǎng wénhuà shang zuìdà de bùtóng, kěnéng jiù yào
中日企业在职场文化上最大的不同，可能就要
shǔ “qiánbèi” “hòubèi” hé “tóngqī” de guānniàn le. Zài Rìběn,
数“前辈”“后辈”和“同期”的观念了。在日本，
zǎo yì nián jìnrù gōngsī, jiù gèng shòu zūnjìng yìxiē; Dàn zài Zhōngguórén
早一年进入公司，就更受尊敬一些；但在中国人
kànlái, xiāngchà shí suì yǐnèi de rén dōu shì tóngbèi, bǐ zìjǐ dà de jiù
看来，相差十岁以内的人都是同辈，比自己大的就
chēnghū “Lǎo Zhāng” “Wáng jiě”, bǐ zìjǐ xiǎo de, jiù jiào “Xiǎo Liú” “Xiǎo-
称呼“老张”“王姐”，比自己小的，就叫“小刘”“小
Míng”. Dìwèi de gāodī, yě wèibì qǔjué yú jìn gōngsī shíjiān de chángduǎn.
明”。地位的高低，也未必取决于进公司时间的长短。

Gōngzuò fāngfǎ shàng, zài Rìběn qǐyè, “bào、lián、xiāng” (huìbào、
工作方法上，在日本企业，“报、连、相”（汇报、
liánluò、shāngliang) shì bèi fǎnfù qiángdiào de jìlǜ, suǒyǐ Rìběn yuángōng
连络、商量）是被反复强调的纪律，所以日本员工
wàichū jìnxíng shāngwù qiàtán shí, wǎngwǎng yào búduàn xiàng shàngjí qǐngshì,
外出进行商务洽谈时，往往要不断向上级请示，
yǐ shì shènzhòng, bù néng qīngyì zuò juéduàn; ér zài Zhōngguó qǐyè,
以示慎重，不能轻易做决断；而在中国企业，
yǒu jiào hǎo de yìngbiàn nénglì de rén gèng róngyì shòudào zhòngyòng, zhè kěnéng shì
有较好的应变能力的人更容易受到重用，这可能是
yīnwèi zhōng qǐ yào zài gèng jīliè de jìngzhēng zhōng zhuīqiú gèng kuài de sùdù hé gèng
因为中企要在更激烈的竞争中追求更快的速度和更
dà de xiàoyì ba.
大的效益吧。

職場文化～人間関係と働き方

日中企業の職場文化における最大の違いは、おそらく先輩・後輩・同期の概念が挙げられるでしょう。日本では、1年でも早く入社した従業員がより尊敬されます。しかし中国人からすれば、年齢差が10歳以内の人は全員同年代で、自分より年上なら「老張」「王姐」（「張さん」「王さん」などに相当）、自分より年下なら「小劉」「小明」（「劉くん・ちゃん」「明くん・ちゃん」などに相当）などと呼んで、従業員の地位の高さは、必ずしも勤続年数の長さで決まることはありません。

日本企業では、「ホウ・レン・ソウ（報連相）」（報告・連絡・相談）が繰り返し強調される決まりごとになっていて、日本の従業員は社外で商談を行う際、絶えず上司に指示を仰いで、慎重さをアピールし、簡単に決断することはできません。しかし中国企業では、状況の変化にすぐ反応できる社員が重用されやすい傾向があります。これは中国企業はより激しい競争の中、より早いスピードとより大きい利益を追求しないといけないからでしょう。

音声 102

学習ポイント

1 ▶要数　（～の中で最も～部類に）数える、～が挙げられる

Zhè jiā dòngwùyuán li zuì shòu huānyíng de dòngwù háishi yào shǔ dàxióngmāo.
这家动物园里最受欢迎的动物还是**要数**大熊猫。
この動物園で一番人気の動物は、やはりパンダだ。

Diànyǐng zuì lìng rén gǎndòng de，yào shǔ mǔ nǚ chóngféng de nà yí mù le.
电影最令人感動的，**要数**母女重逢的那一幕了。
この映画で一番感動するのは、やはり母と娘が再会するシーンだろう。

Tā zuì xīyǐn rén de，hái yāo shǔ nà tiánměi de xiàoróng.
她最吸引人的，还**要数**那甜美的笑容。
彼女の最も魅力的なところは、その愛らしい笑顔だろう。

2 ▶取决于…　（～は）～による、～で決まる、～次第だ

Shìqíng de guānjiàn qǔjué yú zhèicì de xíngdòng.
事情的关键**取决于**这次的行动。
コトの核心は今回の行動にかかっている。

Wǒ yǒu méiyǒu línghuāqián、wánquán qǔjué yú wǒ tàitai de xīnqíng.
我有没有零花钱、完全**取决于**我太太的心情。
俺が小遣いをもらえるかどうかは、100 パーセント嫁の気分次第だ。

Gōngsī de juécè、bù néng zhǐ qǔjué yú tā yí ge rén.
公司的决策、不能只**取决于**他一个人。
会社の意思決定を彼一人に任せるわけにはいかない。

3 ▶向…　（人）に向かって、～に対して～する

Wǒ zhōngyú gǔqǐ yǒngqì xiàng nǚyǒu qiúhūn le.
我终于鼓起勇气**向**女友求婚了。
ついに勇気を出してガールフレンドにプロポーズした。

Tā zhēnchéngde xiàng fěnsīmen dàoqiàn.
她真诚地**向**粉丝们道歉。　彼女はファンに心から謝罪した。

Zhǔchírén zǒushang wǔtái，xiàng guānzhòng wènhǎo.
主持人走上舞台，**向**观众问好。
司会者がステージに上がり、観客に挨拶した。

音声103

6-5 职场晋升与企业福利

職場文化～昇進と福利厚生

まず、聴いてみましょう！

ヒント1

Zài Zhōng-Rì qǐyè zhōng, juédìng qǐyè chéngyuán de zhíwèi hé xīnzī de shì shénme?

在中日企业中，决定企业成员的职位和薪资的是什么？

日中の企業で、従業員の職位と給料は何で決まる？

ヒント2

Zhōngguó qǐyè yǒu nǎxiē yuángōng fúlì?

中国企业有哪些员工福利？

中国の企業ではどんな福利厚生がありますか？

ヒント3

Zhōng-Rì yǒu nǎxiē gòngtōng de kàoláo yuángōng de fāngshì?

中日有哪些共通的犒劳员工的方式？

日中企業共通の従業員のねぎらい方は何？

単語

倒是 dàoshi　逆に、却って

自不用说 zì búyòng shuō　もとより言うまでもない、～は当然として

注重 zhùzhòng　重視する、特に力を入れる

招数 zhāoshù　手、手段

笼络 lǒngluò　丸め込む、籠絡する、囲い込む、つなぎとめる

犒劳 kàoláo　ねぎらう

音声 104

职场晋升与企业福利

关于《Guānyú》职场《zhíchǎng》晋升《jìnshēng》，近《jìn》些《xiē》年《nián》来《lái》，传统《chuántǒng》日《rì》企《qǐ》的《de》“年《Nián》功《gōng》序列《xùliè》制《zhì》”已经《yǐjīng》逐渐《zhújiàn》瓦解《wǎjiě》，业绩《yèjì》和《hé》沟通《gōutōng》能力《nénglì》能够《nénggòu》更《gèng》大《dà》程度《chéngdù》上《shang》决定《juédìng》企业《qǐyè》成员《chéngyuán》的《de》职位《zhíwèi》和《hé》薪资《xīnzī》的《de》升降《shēngjiàng》，在《zài》这《zhè》一《yì》点《diǎn》上《shàng》，中日《Zhōng-Rì》之间《zhījiān》**倒是《dàoshi》**越来越《yuèláiyuè》像《xiàng》了《le》。

关于《Guānyú》企业《qǐyè》福利《fúlì》，在《zài》中国《Zhōngguó》，大《dà》企业《qǐyè》自《zì》不用《búyòng》说《shuō》，中小《zhōngxiǎo》企业《qǐyè》也《yě》非常《fēicháng》注重《zhùzhòng》员工《yuángōng》福利《fúlì》，**每逢《měiféng》**元旦《Yuándàn》、春节《Chūnjié》、中秋节《Zhōngqiūjié》、国庆节《Guóqìngjié》等《děng》节假日《jiéjiàrì》，企业《qǐyè》会《huì》使出《shǐchū》各式《gèshì》招数《zhāoshù》笼络《lǒngluò》员工《yuángōng》。比如《bǐrú》发《fā》很《hěn》多《duō》好看《hǎokàn》、好吃《hǎochī》、好用《hǎoyòng》的《de》东西《dōngxi》，提高《tígāo》员工《yuángōng》对《duì》企业《qǐyè》的《de》满意度《mǎnyìdù》，也《yě》让《ràng》员工《yuángōng》可以《kěyǐ》拿出去《náchūqu》炫耀《xuànyào》。至于《Zhìyú》举办《jǔbàn》“年会《niánhuì》”、带《dài》员工《yuángōng》出去《chūqù》“团体《tuántǐ》旅行《lǚxíng》”等《děng》活动《huódòng》，可能《kěnéng》是《shì》中日《Zhōng-Rì》两《liǎng》国《guó》共通《gòngtōng》的《de》犒劳《kàoláo》员工《yuángōng》的《de》方式《fāngshì》。

職場文化～昇進と福利厚生

昇進について、近年、伝統ある日本企業の年功序列制度が徐々に崩壊し、業績とコミュニケーション能力が従業員の役職を決めるより重要な要素となり、この点において、日中はむしろ近づいています。

企業の福利厚生について、中国では、大企業はもとより、中小企業も従業員に対する福利厚生を非常に重視していて、元旦、春節、中秋節、国慶節などの祝祭日になると、どの企業でもあの手この手で、従業員の心をつかもうと努力をします。写真映えするものやおいしい物、使える物などを従業員に配って企業に対する満足度を高めたり、家族や友人に自慢できるようにしたりします。そのほか、にぎやかな年末総会、従業員の団体旅行など日本と共通するねぎらいの手も採り入れられています。

音声105

学習ポイント

1 ▶倒是　逆に、却って（意外な気持ちを表す）

Zhè jiā diàn suīrán yǒudiǎnr lǎo、dàn fúwù dàoshi búcuò.
这家店虽然有点儿老、但服务**倒是**不错。
この店はやや古いが、サービスは確かに素晴らしい。

Máng shi máng、dàn wǒ dàoshi bù juéde lèi.
忙是忙、但我**倒是**不觉得累。　忙しいことは忙しいけど、別に疲れは感じないんだよね。

Nǐ niánjì bú dà，dǒngde dōngxi dàoshi bùshǎo.
你年纪不大，懂的东西**倒是**不少。　若いのに、たくさんのことを知っているね。

2 ▶每逢　～になるたび、～のたび

"Měiféng jiājié bèi sīqīn".
"**每逢**佳节倍思亲"。
春節や中秋節などの祝日になると故郷にいる家族のことがひときわ恋しくなる。

Měiféng méiyǔjì，wǒ jiù huì xiǎngqǐ jiāxiāng de nàge gūniang.
每逢梅雨季，我就会想起家乡的那个姑娘。
梅雨になるたび、故郷のあの娘を思い出す。

Tā měiféng kǎoshì，zǒngnéng chāocháng fāhuī.
他**每逢**考试，总能超常发挥。　彼は試験になると、いつも以上に実力を発揮する。

3 ▶至于…　（ある話題）に関して、～のことなら、～に至っては、～については

＊前の話題と関係のある別の話題に転じる場合に使う。

Tā zhuānzhù yú shìyè，zhìyú àiqíng，tā shuō yíqiè suíyuán.
她专注于事业，**至于**爱情，她说一切随缘。
彼女は自分の仕事に専念していて、恋愛に関してはすべて縁任せだという。

Fángdōng duì xiéyì méiyǒu yìjiàn，zhìyú zūkè shìfǒu yào xùyuē，nǐ háishi zài quèrèn yíxià.
房东对协议没有意见，**至于**租客是否要续约，你还是再确认一下。
この契約に問題ないと大家は言いましたが、借主が契約更新するかどうか、やはり再確認しましょう。

Xiǎo Liú gāokǎo kǎole liùbǎiduō fēn，zhìyú yào shàng nǎge dàxué，háiyào kàn xuéxiào de lùqǔ fēnshùxiàn.
小刘高考考了六百多分，**至于**要上哪个大学，还要看学校的录取分数线。
劉さんは大学入試で 600 点以上を取ったが、どの大学に行くかは、各大学の合格ラインを見てから決める。

音声 106

6-6 法规意识与服务意识

コンプライアンス意識とサービス意識

まず、聴いてみましょう！

ヒント1

Kèbăn yìnxiàng zhōng, Zhōng-Rì qǐyè de făguī yìshi shì zěnyàng de?

刻板印象中，中日企业的法规意识是怎样的?

一般的に日中企業のコンプライアンスの意識はどんなイメージですか？

ヒント2

Rìběn băihuòdiàn de fúwùyuán de shénme fúwù lìng Zhōngguórén hěn găndòng?

日本百货店的服务员的什么服务令中国人很感动?

日本のデパートの従業員によるどんなサービスが、中国人を感動させましたか？

ヒント3

Yǒude Zhōngguó cāntīng huì wèi gùkè tígōng shénme éwài de fúwù?

有的中国餐厅会为顾客提供什么额外的服务?

中国の一部のレストランは、顧客に食事以外にどんなサービスを提供しますか？

単 語

守规矩 shŏu guīju　ルールを守る、規範意識が強い
刻板印象 kèbăn yìnxiàng　ステレオタイプ
贯彻 guànchè　貫く
跪 guì　ひざまずく
关怀 guānhuái　思いやる、気にかける、配慮する
等位 dĕng wèi　順番待ち
零食 língshí　軽食、おやつ
美甲 mĕijiă　ネイルアート
额外 éwài　規定外の、付加的な

音声 107

法规意识与服务意识

一般认为《Yìbān rènwéi》，日本的企业法规意识较强《Rìběn de qǐyè fǎguī yìshi jiào qiáng》，而中国企业则更加灵活《ér Zhōngguó qǐyè zé gèngjiā línghuó》，**不那么**《bù nàme》“守规矩《shǒu guīju》”，不过《búguò》，这也很可能只是一种刻板印象《zhè yě hěn kěnéng zhǐshì yì zhǒng kèbǎn yìnxiàng》，事实上《shìshíshàng》，对法务问题的重视和守法意识在中日企业之间几乎没什么差别《duì fǎwù wèntí de zhòngshì hé shǒufǎ yìshi zài Zhōng-Rì qǐyè zhījiān jīhū méi shénme chābié》。

在服务意识上《Zài fúwù yìshi shàng》，日本服务业对《Rìběn fúwùyè duì》“顾客至上《gùkè zhìshàng》”的观念贯彻得较好《de guānniàn guànchè de jiào hǎo》，日式服务也感动了不少中国人《Rìshì fúwù yě gǎndòngle bù shǎo Zhōngguórén》。例如日本百货商店的服务员会跪下来帮客人试鞋《Lìrú Rìběn bǎihuò shāngdiàn de fúwùyuán huì guìxiàlai bāng kèrén shì xié》，**以表现**对客人的尊敬《yǐ biǎoxiàn duì kèrén de zūnjìng》。而在中国《Ér zài Zhōngguó》，服务业可能更多表现的是对客人的关怀《fúwùyè kěnéng gèng duō biǎoxiànde shì duì kèrén de guānhuái》。例如《Lìrú》，某著名中餐厅会在客人等位的时间里《mǒu zhùmíng zhōngcāntīng huì zài kèrén děng wèi de shíjiān lǐ》，给他们提供免费零食或提供擦鞋《gěi tāmen tígōng miǎnfèi língshí huò tígōng cā xié》、美甲等额外的服务《měijiǎ děng éwài de fúwù》。两种待客方式的差异《Liǎngzhǒng dàikè fāngshì de chāyì》，在本质上可能是中日两国国民的性格差异的**体现**《zài běnzhìshàng kěnéng shì Zhōng-Rì liǎng guó guómín de xìnggé chāyì de tǐxiàn》。

コンプライアンス意識とサービス意識

一般的に、日本企業はコンプライアンスを重視する傾向が強いのですが、中国企業は比較的ゆるく、それほど「四角四面」ではないとみなされています。しかし、これもステレオタイプの一種に過ぎない可能性が高く、法律問題に対する重視とコンプライアンス意識の面では、日中企業で差はほとんどありません。

サービス意識という点では、日本企業はお客様第一主義をしっかり貫いており、日本式のサービスは少なからぬ中国人を感動させてもきました。例を挙げると、日本のデパートの店員は客が靴を試し履きする際、ひざまずいて手伝うことで、客に対する敬いの気持ちを表しますが、中国では、サービス業で表すのは客に対する思いやりです。例えばある有名レストランでは、客が順番待ちをしている間、おやつや靴磨き、ネイルアートなど、おまけのサービスを提供しています。両者のもてなし方の違いは、本質的に日本人と中国人の性格の違いから来ているのかもしれません。

音声108

学習ポイント

1 ▶ 不／没＋那么　そんなに〜ない

Zhège páizi de bāo bú nàme guì.
这个牌子的包**不那么**贵。　このブランドのバッグはそれほど高くない。

Shìqíng méiyǒu nǐ xiǎngde nàme yánzhòng.
事情**没有**你想的**那么**严重。
この件はあなたが思っているほど深刻ではない。

Zhège diànyǐng méiyǒu tāmen shuōde nàme hǎokàn.
这个电影**没有**他们说的**那么**好看。
この映画はみんなが言っているほど良くない。

2 ▶ 表现　[動詞・名詞]（主体的に）表す、パフォーマンス

Zhè shǒu shī biǎoxiàn de shì zuòzhě duì gùxiāng de ài.
这首诗**表现**的是作者对故乡的爱。
この詩は作者の郷土愛を表している。

Jǐnguǎn nèixīn kǔmèn, dàn tā háishi biǎoxiàn de hěn kāixīn.
尽管内心苦闷，但她还是**表现**得很开心。
内心は苦しくても、彼女は明るく振る舞っていた。

Mùcūn zài zhècì bǐsài zhōng de biǎoxiàn fēicháng bàng.
木村在这次比赛中的**表现**非常棒。
木村は今回の試合で素晴らしいパフォーマンスを見せてくれた。

3 ▶ 体现　[動詞・名詞]（間接的に）表す、反映

Zhè fèn zǎocān tǐxiànle tā duì háizi wúshēng de ài.
这份早餐**体现**了他对孩子无声的爱。
この朝食は、彼が子供に言葉で表していない愛を表している。

Tā de chūxí tǐxiànle duì běncì gōngzuò de zhòngshì.
他的出席**体现**了对本次工作的重视。
彼の出席は今回のプロジェクトが重要視されていることを意味している。

Zhècì de chéngjì shì nǐ nǔlì de tǐxiàn.
这次的成绩是你努力的**体现**。　今回の成績は、あなたの努力の結果です。

音声109

6-7 如何看待中日企业文化的异同

日中企業文化の相違点と共通点をどう捉える？

まず、聴いてみましょう！

ヒント1

Zhōng-Rì qǐyè de yìtóng diǎn dōu yǒu nǎxiē?

中日企业的异同点都有哪些?

日中企業の相違や共通するところはどんなところがありますか？

ヒント2

“Jìhuà bùrú biànhuà kuài” de yìsi shì?

“计划不如变化快” 的意思是?

「计划不如变化快」の意味は？

ヒント3

Zhōng-Rì qǐyè wénhuà de chāyì běnzhìshang shì shénme de chāyì?

中日企业文化的差异本质上是什么的差异?

日中企業の文化面の違いは、本質的になんの違いでしょうか？

単語

总而言之 zǒng'éryánzhī　総じて言えば、要するに、つまり
风格 fēnggé　風格、特徴、スタイル
善于 shànyú　～に長けている、～するのがうまい
坚守 jiānshǒu　固く守る、堅持する
计划不如变化快 jìhuà bùrú biànhuà kuài　計画より変化の方が速い、計画は変化の速さに及ばない
从一而终 cóng yī ér zhōng　～に生涯を捧げる、初志貫徹
闪光点 shǎnguāngdiǎn　見どころ、光るポイント、アピールポイント

音声 110

如何看待中日企业文化的异同

总而言之《Zǒng'éryánzhī》，中国《Zhōngguó》企业《qǐyè》可能《kěnéng》办事《bànshì》效率《xiàolǜ》更《gèng》高《gāo》，日本《Rìběn》企业《qǐyè》可能《kěnéng》办事《bànshì》风格《fēnggé》更《gèng》慎重《shènzhòng》；中国《Zhōngguó》企业《qǐyè》善于《shànyú》不断《búduàn》革新《géxīn》制度《zhìdù》，日本《Rìběn》企业《qǐyè》善于《shànyú》坚守《jiānshǒu》制度《zhìdù》；中国《Zhōngguó》企业《qǐyè》总是《zǒngshi》“**计划**《jìhuà》**不如**《bùrú》**变化**《biànhuà》**快**《kuài》”，而《ér》日本《Rìběn》企业《qǐyè》则《zé》能够《nénggòu》坚持《jiānchí》“让《ràng》计划《jìhuà》从《cóng》一《yī》而《ér》终《zhōng》”……

说到《Shuōdào》这儿《zhèr》，你《nǐ》大概《dàgài》已经《yǐjīng》发现《fāxiàn》了《le》，中日《Zhōng-Rì》企业《qǐyè》文化《wénhuà》的《de》差异《chāyì》，其实《qíshí》就是《jiùshi》中日《Zhōng-Rì》两《liǎng》国《guó》国民《guómín》性格《xìnggé》的《de》差异《chāyì》。但《Dàn》差异《chāyì》再《zài》大《dà》，优秀《yōuxiù》的《de》企业《qǐyè》也《yě》一定《yídìng》有着《yǒuzhe》相似《xiāngshì》的《de》地方《dìfang》，发现《fāxiàn》这些《zhèxiē》相似《xiāngshì》的《de》闪光点《shǎnguāngdiǎn》，可以《kěyǐ》让《ràng》彼此《bǐcǐ》更《gèng》好《hǎo》地《de》协作《xiézuò》、从而《cóng'ér》实现《shíxiàn》共赢《gòngyíng》，中日《Zhōng-Rì》两《liǎng》国《guó》之间《zhījiān》的《de》关系《guānxì》可能《kěnéng》也《yě》是《shì》如此《rúcǐ》吧《ba》。

日中企業文化の相違点と共通点をどう捉える？

要するに、中国企業は効率が良く、日本企業は慎重なスタイルです。中国企業は絶えず制度を革新していくことに長け、日本企業は制度を堅持していくことに長けています。中国企業は常に「計画より変化の方が速い」というスタンスですが、日本企業は「計画を貫徹」させることにこだわります……。

もうお分かりだと思いますが、企業文化における日中の違いは、その実、日中両国民の性格の違いです。しかし、性格の違いがいくら大きくても、優れた企業には必ず似たところがあります。そのような共通の光るポイントを見つけることによって日本企業との共同作業を円滑にすることができ、ウィンウィンの関係を作ることができるでしょう。日中両国の関係も同じかもしれません。

音声 111

学習ポイント

1 ▶ 善于…　～するのが上手、～に長けている、得意だ

Xiǎo Liú bú shànyú biǎodá.
小刘不善于表达。 劉さんは口が上手くはない。

Shànyú cháyán-guānsè yě shì yì zhǒng nénglì.
善于察言观色也是一种能力。 人の言葉や顔色を読み取ることは、ある種の才能だ。

Hěn duō huàzhuāngpǐn pǐnpái dōu hěn shànyú lìyòng wǎngluò zuò xíngxiàng tuīguǎng.
很多化妆品品牌都很善于利用网络做形象推广。
多くの化粧品ブランドは、ネットを利用した宣伝に長けている。

2 ▶ 计划不如变化快　計画より変化の方が速い、計画は変化の速さに及ばない

Jìhuà bùrú biànhuà kuài、běn dǎsuàn qù lǚyóu、dàn háizi tūrán shēngbìng、nǎr dōu qùbuliǎo le.
计划不如变化快、本打算去旅游、但孩子突然生病、哪儿都去不了了。
計画は変化の速さに及ばない。旅行に行こうと思っていたが、子供が急に病気になってどこにも行けなくなってしまった。

Zhēnshi jìhuà bùrú biànhuà kuài、gǎnshang jīnróng wēijī、tā gāng bìyè jiù shīyè le.
真是计划不如变化快、赶上金融危机、他刚毕业就失业了。
計画より変化の方が速いとはよく言ったものだ。金融危機のあおりで、彼は卒業するなり失業してしまった。

Jìhuà bùrú biànhuà kuài、zhè yí shìjiàn、ràng hěn duō qǐyè bùdebù mǎshàng tiáozhěng fāzhǎn zhànlüè.
计划不如变化快、这一事件、让很多企业不得不马上调整发展战略。
計画より変化の方が速い。この事件で、多くの企業は直ちに成長戦略を調整せざるをえなくなった。

3 ▶ 再…也…　いくら・どんなに～ても～

Zài quánwēi de rén yě yǒu fàn cuò de shíhou.
再权威的人也有犯错的时候。
どんなに（知的な）権威のある人でも、ミスはある。

Nǐ zài zěnme nào, xuéxiào yě bú huì fàngjià de.
你再怎么闹，学校也不会放假的。
あなたがいくら騒いでも、学校は休みにはならないよ。

Zhè dōngxi zài hǎochī nǐ yě bù néng chī tài duō.
这东西再好吃你也不能吃太多。 いくらおいしくても、食べ過ぎないようにね。

参考文献

月刊『聴く中国語』「中国大接近」一覧

本書は、月刊『聴く中国語』「中国大接近」の掲載内容を基に、本書掲載に際し、加筆修正しております。

2020年

1月号　中国伝統劇の世界──京劇・崑曲特集
中国戏曲的世界──京刷、昆曲特辑

2月号　中国人も頭痛い「親族呼称」
中国年轻人的“亲戚观”和让人头疼的“亲戚称谓”

3月号　現代女性と女性デー in China
中国当代女性与中国的妇女节

4月号　中国語でオリンピックを語ろう
用中文，聊奥运

5月号　中国のSNSで中国語でバズってみよう！──中国SNSの「網紅」インフルエンサーになるには
如何用中文在中国的社交媒体上走红──中国SNS网红须知

6月号　「局長」って一体どれだけ偉いの？
局长到底是多大的官？

7月号　七夕特集：中国語で愛を伝えるには？
七如何用中文表达爱

8月号　あのお店、中国語では何と言う？
那家店，中文怎么说?

第1課

9月号　中国人の変な・面白い・微笑ましい迷信
中国人奇怪、有趣、可爱的小迷信

10月号　中国の不動産売買 AtoZ
关于中国人买卖房产的一切

11月号　手始めに「パンダのもり」から語ろう
从熊猫森林说起

12月号　イチオシ！中国の高評価アニメ
中国高分动画电影大推介

2021年

第2課

1月号　日本語由来の中国語の流行語
来自日文的中文流行语

2月号　ステレオタイプに見る面白い中国人
刻板印象中有趣的中国人

3月号　中国の「離婚冷静期」とは？
中国的离婚冷静期是什么

4月号　「ベルサイユ文学」ってどんな文学？
凡尔赛文学到底是什么文学

5月号　現代女性の生き方を描いたイチオシ！テレビドラマ
当代女性题材电视剧大推介

6月号　年代別 中国人に人気の名前は？
不同年代的中国人最爱用哪些名字?

第6課

7月号　日中企業文化の異同点を語る
也聊中日企业文化的异同

8月号　イマドキの中国式サービス大解剖
当今社会的中国式服务到底什么样?

9月号　中国人の子供時代の遊び
中国人的童年游戏

10月号　『山河令』なぜ面白い？
《山河令》为什公好看?

11月号　一風変わった中国のおもしろ商品大公開
有趣、特别的中国商品大推介

第4課

12月号　日本で中国のスマホゲームが人気になったわけとは
中国手游为什么在日本这么受欢迎?

2022年

1月号　中国各地の様々な「辣」
中国各地不同风情的“辣”

2月号　中国の愛の名所巡礼
巡礼中国的爱情名胜

3月号　中国の独身女性が続々と不動産購入に踏み切るワケ
为什么越来越多的中国单身女性买房?

4月号　中国の大学生の生活、日本とどう違う？
中国大学生的生活究竟和日本有何不同?

5月号　コロナ禍の「ネコノミクス」と中国「90後」の猫の「しもべ」生活
疫情期间的“猫经济”和中国90后的猫奴生活

6月号　あなたの知らない中国民家
你所不知道的中国民居

7月号　都市青年のお見合い事情
都市青年们的相亲故事

8月号　「一人っ子政策」から「三人っ子政策」へ：中国の計画生育政策の大転換
从“独生子女”到“三孩”：中国计划生育政策变化大

9月号　これでバッチリ！日中国交正常化50年の歩み
一篇读懂！中日邦交正常化50周年大小事

10月号　周杰倫と一緒に出会う「偉大な作品」
和周杰伦一起遇见“伟大的作品”

第3課

11月号　「漢服」大解剖！中国の若者はなぜ漢服が好き？
“汉服”大科普！中国年轻人缘何爱汉服?

12月号　「創造営」から「乗風破浪的姐姐」まで　中国オーディション番組の魅力とは?
从创造营到乘风破浪的姐姐，中国选秀综艺的魅力在哪里?

2023年

1月号　列車で中国を旅しよう！　中国鉄道大接近！
坐上火车，走遍中国！中国铁路大接近！

2月号　編集部オススメ！中国語学習に最適な現代中国ドラマ5選
编辑部推荐：适合用来学习中文的当代电视剧

3月号　すごい！中国現代建築
中国有哪些令人惊叹的当代建筑杰作?

4月号　そうだ 西安、行こう！
走！我们一起去西安！

5月号　『三体』衝撃的かつ深く考えさせられるSF小説の傑作
《三体》：令人震撼与深思的科幻杰作

6月号　中国映画人の世界
中国电影的世界

7月号　寄ってらっしゃい見てらっしゃい！　中国民間に伝わるすごい手工芸！
快来看！中国传统手艺！

8月号　いざ、中国の水郷村へ
走进中国水乡小镇的世界

9月号　中国メイクと中国コスメの百年
百变中国妆与中国化妆品的百年

10月号　どこまで知っている？　中国の朝ご飯
中国早餐知多少

11月号　「推し活」考：中華アイドル今昔
“追星”观察：中国偶像的前世今生

12月号　北京の冬
北京的冬天

2024年

1月号　中国戯曲の隈取の色彩世界
好有趣！中国戏曲脸谱的色彩世界

2月号　君子、温かきこと玉の如し――中国の玉石文化に迫る
谦谦君子，温润如玉――中国玉石文化大接近

3月号　中国カンフー映画の独特な魅力
探寻中国功夫电影的独特魅力

4月号　副業？「寝そべり」？起業？中国就職市場の新動向
兼职・躺平・创业？中国就业市场新动向

5月号　『繁花』ゆかりの地をめぐる上海散歩
跟随《繁华》上海漫步

6月号　中国医学あれこれ：鍼灸・カッピングから滋養強壮・薬膳まで
中医漫谈：从针灸拔罐到食补药膳

■著者プロフィール
謝 辰（シャ シン）
語学誌月刊『聴く中国語』発行人・編集長。立教大学教育講師。出版のほか、中国語講座、翻訳、コンテンツ制作も手がける愛言社代表。著書に『聴く中国語 中国大接近』（三修社）、『中国語が 3 週間で身につく音読』（共著、明日香出版社）、『すらすらさくさく中国語中級ドリル 1000』（共著、東方書店）がある。長春出身。北京師範大学で日本史を学び、東京大学総合文化研究科博士課程で国際関係論を研究。趣味は多肉植物と中国の小説。

■ナレーション　胡興智、謝辰
■翻訳協力　江端真澄

●音声ダウンロード・ストリーミング
1. PC・スマートフォンで本書の音声ページにアクセスします。
https://www.sanshusha.co.jp/np/onsei/isbn/9784384061246
2. シリアルコード「06124」を入力。
3. 音声ダウンロード・ストリーミングをご利用いただけます。

聴《き》く中国語《ちゅうごくご》 中国大接近《ちゅうごくだいせっきん》 第《だい》2季《き》
理解を深めるリスニング

2024 年7 月30 日　第1 刷発行

著　者　謝 辰
発行者　前田俊秀
発行所　株式会社 三修社
〒150-0001　東京都渋谷区神宮前2-2-22
TEL 03-3405-4511 FAX 03-3405-4522
https://www.sanshusha.co.jp
振替00190-9-72758
編集担当　安田美佳子
印刷・製本　日経印刷株式会社

ISBN978-4-384-06124-6 C2087

デザイン：NONdesign 小島トシノブ
組　　版：スペース・ワイ